JN045546

これ1冊で大丈夫！

民法改正と新しい相続対策がゼロからわかる本

節税・争族対策・相続手続きを難易度付きで完全解説

ひかりアドバイザーグループ 編

ひかり税理士法人
ひかり司法書士法人
ひかり行政書士法人
一般社団法人ひかり相続センター 共著

清文社

はしがき

私たち実務家が日頃接する機会の多い法律は、民法であり会社法なのですが、いずれも条文数が1,000に近い、あるいはそれを超えるボリュームのある法律です。これは、日常生活を営み、経済活動を行う上で必要とされるルールが多様であることを物語っています。とりわけ、民法については、所有権や契約などの物権・債権に係るルールに加えて、家族や相続といった身近なルールを含みますから、各分野について物権法や家族法、相続法といった呼称で専門的な解説や研究が行われています。本書でも解説の一部で相続法という表現を用いていますが、そうした背景に由来しています。

さて、その相続法が1980年以来ほぼ40年ぶりに見直されました。少子高齢化社会の進展や国民意識の変化といった相続をめぐる近時の環境に的確に対応するためであることはいうまでもなく、配偶者居住権という今までにない権利や遺言書保管制度といった新たな仕組みが創設されるなど、文字通り大幅な改正となりました。この点、前著「いざという時のための相続対策がすぐわかる本」の執筆時点では改正作業は未だ道半ばであったことから、「民法（相続関係）改正の動向」というコラムでの紹介に留めていました。

その後、2018年７月に改正法が成立し、改正内容の周知期間を経て順次施行期日が到来する中で、2020年７月をもって、すべての改正項目が施行済みとなりました。その結果、前著の改訂は喫緊の課題となっていたのですが、コロナ禍で日常業務が滞り気味となる中、改訂作業の着手に若干の時間を要してしまいました。振り返りますと、初版を上梓した2013年以来、相続税法の改正を踏まえた改訂版と内容のリニューアルを図った三訂版を経て、本書は相続法改正に対応した四訂版という位置づけになります。

この四訂版ではタイトルも見直し、「民法改正と新しい相続対策がゼロからわかる本」としました。相続問題を起因とする所有者不明土地の問題解決のための物権法改正などにも触れたことから「相続法改正と…」ではなく「民法改正と…」としました。また、「ゼロからわかる」としたのは、初心者の方にも安心して本書を手にとっていただけることを意図したものです。さらに、解説している相続対策については、簡単な知識があれば実行可能なものから専門家のサポートが必要なものまで、その難易度を三段階で示すという新しい試みを取り入れました。同じく相続発生後の諸手続きについても、誰でも対応可能なレベルから専門家に依頼することが望ましいレベルまで三段階で示したことから、「節税・争族対策・相続手続きを難易度付きで完全解説」という副題を添えました。そして、「これ1冊で大丈夫！」というフレーズも、「本書を読んでいただくだけで相続に対する理解と疑問の氷解に役立つはず」という初版以来のコンセプトを踏襲する意味で存置しました。これら盛りだくさんの思いが一つでも実現すれば編著者として望外の喜びです。

最後になりましたが、これまでの版と同様に本書を担当していただいている清文社編集部の前田女史に心から感謝の意を表します。

2021年８月

ひかりアドバイザーグループを代表して
公認会計士・税理士　光田 周史

目次

第1章 相続をめぐる最新事情

第2章 知っておきたい相続の基本

第3章 知っておきたい相続税のイロハ

第4章 プロが教える相続対策の決定版！

第1節　相続対策のカンどころ

第２節　相続トラブルの回避策

第３節　相続税の節約大作戦

第５章　相続対策の失敗事例から学ぶ

第6章　相続発生後に必要な手続きとその方法

（注）本書の内容は令和３年７月１日現在の法令によっています。

第1章

相続をめぐる最新事情

1－1 相続法改正の概要

1 改正の背景

相続法に関しては、1980年に配偶者の相続分の引上げや寄与分制度の新設等の改正が行われてから約40年間、大きな見直しはされてきませんでした。

しかし、この間、国民の平均寿命が延び、社会の少子高齢化にともなって相続を取り巻く環境は大きく変化したといっても過言ではありません。このことを具体的なデータで確認してみましょう。

		1980年	2020年
平均寿命	男	73.35歳	81.64歳
	女	78.76歳	87.74歳
出生数		約158万人	約84万人
合計特殊出生率（※）		1.75	1.34

※　１人の女性が生涯に産む子供の数

出所：厚生労働省「簡易生命表」、「人口動態統計」

これらのデータから、相続開始時における残存配偶者の高齢化や相続人である子の数の減少によって遺産分割における子の取得割合の相対的増加といったことが読み取れます。こうした社会情勢の変化に対応する観点から相続法の見直しは避けられない状況にあったといえます。

2 改正の経緯

2013年９月４日、最高裁判所大法廷は、嫡出でない子の相続分を嫡出子の２分の１とする当時の民法の規定について、「父母が婚姻関係になかったという、子にとっては自ら選択する余地のない理由によって子に不利益を及ぼすことは許されない」として、法の下の平等を定めた憲法第14条第1項に違反して無効であるとする決定をしました。この違憲決定を受けて、同規定を削除して嫡出子と嫡出でない子の相続分を同じにすることを内容とする改正法が成立しましたが、その議論の過程で相続法制の大幅な見直しについて問題提起されました。

これを受けて2014年1月以降、法務省で相続法制検討ワーキングチームによる検討が行われ、翌2015年2月には法務大臣による諮問、同年4月には民法（相続関係）部会における審議が開始されました。そして、2018年2月に法制審議会（総会）において、「民法（相続関係）等の改正に関する要綱」が決定され、この要綱に基づいた改正法案が国会に提出されて同年7月に可決成立に至りました。

ちなみに、改正法案の提出理由は、「高齢化の進展等の社会経済情勢の変化に鑑み、相続が開始した場合における配偶者の居住の権利及び遺産分割前における預貯金債権の行使に関する規定の新設、自筆証書遺言の方式の緩和、遺留分の減殺請求権の金銭債権化等を行う必要がある。」とされていました。

3 改正の内容

約40年ぶりの改正ということもあって、その内容は多岐にわたりますが、次の3つのポイントから整理することができます。

	ポイント	主な改正の内容
①	配偶者保護を目的とする新たな制度の創出	●配偶者居住権 ●配偶者短期居住権 ●居住用不動産の生前贈与に係る持戻し免除
②	遺言の利用を促進するための各種方策	●自筆証書遺言の方式の緩和 ●遺言執行者の権限明確化 ●自筆証書遺言の保管制度の創設（遺言書保管法）

③	相続人を含む利害関係人の実質的公平を図るための見直し	● 預貯金債権の遺産分割前の一部払い戻し制度の創設 ● 遺留分制度に関する見直し ● 相続人以外の者の貢献を考慮するための方策の創設

なお、改正内容の詳細については、本書の趣旨に沿って必要な項目について **1－2** 以降で解説しています。

4 施行期日

施行期日は2019年７月１日ですが、改正内容が国民生活に大きな影響を及ぼすものであることから十分な周知期間を設けることが必要とされ、以下のように順次施行されました。なお、現在では既にいずれも施行済みとなっています。

施行日	施行の内容
2019年１月13日	自筆証書遺言の方式緩和
2020年４月１日	配偶者居住権・配偶者短期居住権の新設
2020年７月10日	法務局における自筆証書遺言の保管制度の創設

1－2 配偶者居住権と配偶者短期居住権

1 配偶者居住権等の創設

平均寿命からすると男性が先に寿命を迎えますが、夫が亡くなった後も、妻は自宅に引き続き居住することを希望する場合がほとんどです。

この場合、従来の遺産の分割においては、妻は居住用不動産を取得して「住む権利」を確保することになりますが、そうすると預貯金を取得することができなくなる可能性があります。

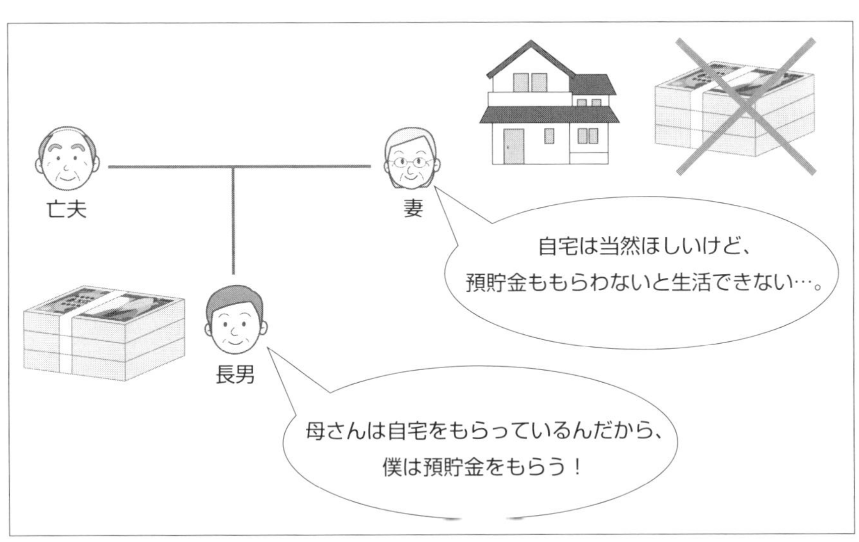

妻が預貯金を相続したければ、不動産の名義を子供との共有にするか、子供が不動産を取得して、子供に賃料を支払うかのいずれかになりますが、いずれも「住む権利」としては心許ない部分があります。妻としては長年住み慣れた自宅に居住する権利を維持したいのはもちろんですが、今後の生活資金も確保しておさたいところです。

そこで、このような「自宅に住む権利を維持しつつ、生活資金も確保したい」という配偶者のニーズを実現するために設けられた制度が配偶者居住権です。

配偶者居住権を設定すれば、残された配偶者は賃料の負担をすることなく自宅に住み続けることができます。あくまで「配偶者が住む権利」ですので、配偶者は勝手にその権利を誰かに売却したり、貸したりすることはできませんが、不動産の所有権を取得するよりも低い価額で「住む権利」を確保することができます。その結果、妻は「住む権利」を確保しつつ、預貯金を従来よりも多く取得することができるようになります（なお、掲載している図はいずれも夫が先に亡くなったケースですが、妻が先に亡くなったときは夫に配偶者居住権が認められます）。

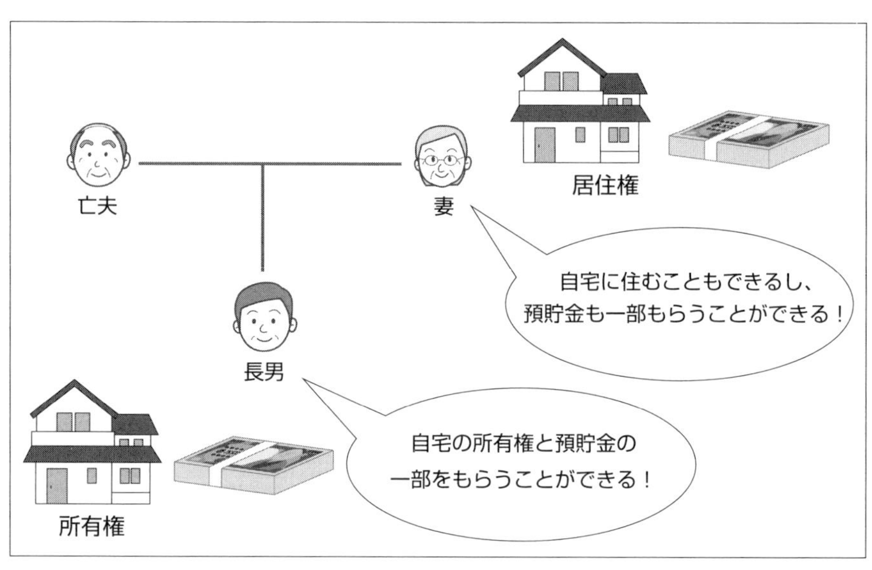

2　配偶者居住権を取得する方法

配偶者居住権を取得するためには以下の要件が必要です。

	要件	注意点
①	自宅建物に亡くなった人の名義が入っていること（夫婦共有でも可）	夫婦以外の名義が入っていると配偶者居住権は取得できません。
②	名義人が亡くなった時点で残された配偶者が自宅に住んでいること	亡くなった人自身が居住している必要はありません。
③	遺言または遺産分割協議で配偶者居住権を設定すること	家庭裁判所の審判によって定めることもできます。また、一度設定された配偶者居住権は基本的には終身有効ですが、別途有効期間を定めることも可能です。

なお、配偶者居住権を取得するための要件そのものではありませんが、配偶者居住権を設定した場合には、その旨の登記をしておくべきでしょう。もし、登記をしていない状態で所有者（下の図では長男）が第三者に不動産を売却してしまった場合には、配偶者はその第三者に配偶者居住権を主張することができなくなるためです。

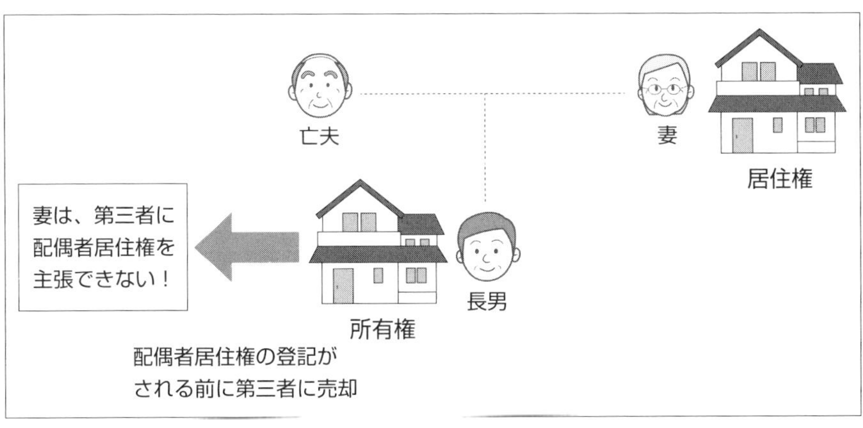

3 配偶者居住権についての注意点

このように、配偶者居住権の創設により、遺産分割をより柔軟に行うことができるようになりました。しかし、配偶者居住権を設定する際には以下の点に注意する必要があります。

	注意点	説　明
①	将来、配偶者が介護を受けるときにトラブルの原因になる	配偶者居住権はあくまで「住む権利」なので、建物の所有者の承諾がなければ、たとえ介護が必要になったとしても勝手にリフォームをすることはできません。また、不動産を売却して施設に入居したいと思ったとしても、売却をするのはあくまで所有者（前記1、2では長男）であり、その売却代金は所有者が受け取るので、配偶者はそのお金を自由に使うことはできません。 この場合、配偶者は、配偶者居住権を合意解除や放棄することを条件にして売却代金の一部を受け取る立場になりますが、当然のことながら自分名義の不動産を売却した時よりも手元に入る金額は少なくなります。 この場合の課税関係について、配偶者は自分の持つ権利を処分することにより利益を得ることになるので、譲渡所得（総合課税）の対象となります。なお、何らの対価のやり取りをせずに配偶者居住権を合意解除や放棄した場合は、所有者は無償で完全な所有権を取得することができるため、所有者に贈与税の負担が生じます。 このように、配偶者が自宅に居住し続ける間は問題ないものの、ひとたび介護が必要になると厄介な問題が生じる可能性があります。
②	評価方法が複雑である	配偶者居住権は、「住む権利」という権利の一種であるため、金銭的な価値を有します。そのため、配偶者居住権を取得した際には当該権利について相続税評価を行い、相続税申告書に計上する必要があります。 この場合の評価方法については、建物の経過年数、配偶者の平均余命及びそれに基づく複利現価率などの数値を用いた複雑な計算が必要になります。さらには、敷地利用権についても評価が必要となります。

③	配偶者と子供に血縁関係がない場合には要注意	配偶者と子供に血縁関係がない場合、いわゆる後妻のようなケースにおいても注意が必要です。 下の図のようなケースでは、配偶者と子供は、夫（父親）が亡くなった後はお互いにあまり関わりたくないと思うのが一般的でしょう。しかし、配偶者居住権が設定されると、自宅という財産を通じてお互いの関係が継続することになります。

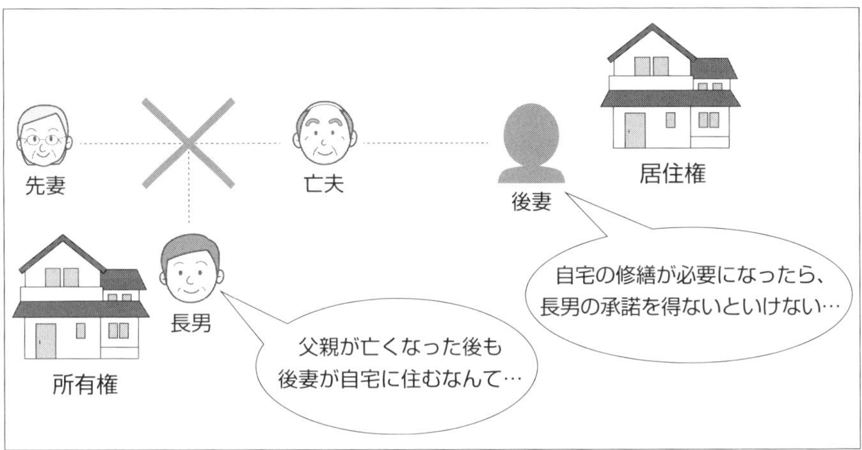

4 配偶者短期居住権とは何か

もし、上述の配偶者居住権を設定することができず、不幸にも自宅を退去することになったとしても、配偶者はすぐに自宅を出ていかないといけないわけではありません。今般の改正により、配偶者は相続開始もしくは遺産の分割から６か月間は無償で自宅に住み続けることができるようになりました。これを配偶者短期居住権といいます。配偶者短期居住権があれば、配偶者は６か月間は自宅に住む権利を有するので、その期間に引っ越し先を探すことができます。

1－3 自筆証書遺言の要件緩和

1 そもそも遺言とは何か

自分が亡くなった後に、自分が生前に持っていた財産を誰に引き継ぐかを定めることを遺言といいます。日本の民法においては、様々な形式での遺言書の作成が認められていますが、実務で使うのは自筆証書遺言と公正証書遺言の2種類です。遺言書を作ることによって、諸々の相続トラブルを避けることが可能になります（**4－4**参照）。

2 従来の自筆証書遺言の問題点

これまでは、自筆証書遺言を作る場合は、すべての文章を自分で書く必要がありました。そうすると、財産が多数ある人は、膨大な量の文章をすべて自筆しなければなりませんでした。

さらに、自筆証書遺言を作った後も何らかの方法により保管しなければなりませんので、紛失や改ざんの恐れがありますし、相続が発生すると相続人が家庭裁判所に検認の申し立てをしなければならないという一手間がかかっていました。

3 改正法による問題点の解決

上記の問題点を解決するべく、今回の法改正によって、以下のように変更されました。

(1) 自筆証書遺言の要件緩和

財産目録については、自書ではなくパソコンで作成したり、銀行口座の通帳のコピーや不動産登記簿謄本のコピーを添付して作成したりすることも可能となりました。

◎ 要件が緩和された後の自筆証書遺言のひな型（例）

遺言書本文

遺　言　書

1　私は、私の所有する別紙目録第１記載の不動産を、長男ひかり一郎（昭和○年○月○日生）に相続させる。

2　私は、私の所有する別紙目録第２記載の預貯金を、次男ひかり次郎（昭和○年○月○日生）に相続させる。

令和３年８月１日

住所　京都市上京区光町１丁目１番１号

ひかり太郎　㊞

本文はすべて自書によらなければなりません

別紙目録

目　録

第１　不動産

1　土地

所　在　○○市○○区○○町○丁目

地　番　○○番○

地　積　○○平方メートル

2　建物

所　在　○○市○○区○○町○丁目○○番地○

家屋番号　○番○

種　類　居宅

構　造　木造瓦葺２階建

床面積　１階　○○平方メートル　２階　○○平方メートル

第２　預貯金

1　のぞみ銀行京都支店　普通預金　口座番号000422

ひかり太郎　㊞

署名以外はパソコンで作成してもＯＫ

⑵　法務局による自筆証書遺言の保管制度の開始

法務局にて、自筆証書遺言を保管してもらえる制度が開始されました。これにより紛失や改ざんを防ぐことができるようになり、相続が開始された後の検認も不要になります（**1－4** 参照）。

4 それでも、やはり公正証書遺言

今回の法改正によって、自筆証書遺言の問題点が改善され、自筆証書遺言の使い勝手がよくなったことは事実です。

しかし、改正の後も、自筆証書遺言については下記のような問題が残されています。

①	自分で遺言書の本文を作成するので、法律に詳しくない人が作成した場合には、解釈上の疑義が生じる可能性がある。
②	遺言書を作成したときに認知症になっていた場合には、遺言者の判断能力を巡って争いになることがあり、裁判所の判断によっては遺言書が無効とされる恐れがある。
③	遺言書の作成に際して悪意を持った人物が同席していると、その人にそそのかされたり、その人の頼みを断り切れずに、自分の意に反した内容の遺言書を書いてしまうことがある。

遺言書が効力を発揮するのは当然に相続発生後になるため、遺言書を巡る争いも相続が発生した後に表面化します。

しかし、実際に争いが生じたときには、遺言書を作った本人は既に亡くなっており、遺言書を作った当時の真意や状況を直接説明することはできません。そうすると、裁判や話し合いの結果によっては、自分の真意や事実に反する判断が下されてしまうこともありえます。

そのような事態を避けるためには、遺言書の内容や効力について疑念を差し挟む余地のないように万全にしておく必要があります。

つまり､いずれにしても問題が払拭されていない自筆証書遺言ではなく、多少費用がかかったとしても公正証書遺言にしておくほうが望ましいということになります。公正証書遺言であれば、上記で述べた自筆証書遺言に係る問題の発生を防止することができます。

相続トラブルを避けるためには、ただ単に遺言書を作ればいいというわけではありません。真に相続トラブルを防止するには、きちんとした形で、誰が見ても明らかな内容の遺言書を作る必要があるのです。

1－4 自筆証書遺言保管制度の創設

1 新たな自筆証書遺言保管制度

これまでの自筆証書遺言は、自宅で保管されることが多く、紛失や改ざんの恐れがあり、遺言書を巡る争いが起こる可能性がありました。そこで、これらの問題への対応策として、法務局にて自筆証書遺言を保管する制度が創設されました。

2 自筆証書遺言保管制度の利用方法

自筆証書遺言保管制度の利用方法について順を追って説明します。

STEP 1 遺言書を書く

まずは、自分で遺言書を書きます。本来、自筆証書遺言を作成する際に用紙の大きさや紙質について特に指定はありませんが、保管制度を利用する場合には、用紙のサイズや余白の設定など一定の要件があるので注意が必要です。

もちろん、**1－3**で述べたように財産目録をパソコンで作成してプリントアウトしたりコピーした財産目録を添付することも可能です。

STEP 2 遺言書を預ける

遺言書が作成できたら、遺言を作成した人の住所地を管轄する法務局に対して、遺言書の保管の申請を行います。なお、遺言を作成した人の本籍地または所有する不動産の所在地を管轄する法務局に対して申請することもできます。

遺言書の保管の申請の際には以下の手続きが必要です。

STEP 2－1 事前の予約を取る

遺言書の保管を申請するときは法務局への予約が必要です。予約を取る際には、「法務局手続案内予約サービス」の専用ホームページにアクセス

（例）

遺　言　書

私は、相続時に有する全ての財産を、長男ひかり一郎（昭和〇〇年〇月〇日生）に相続させます。

令和３年８月１日
京都市上京区光町１丁目１番１号
ひかり　太郎　㊞

1/1

①用紙はＡ４サイズで無地のものを使用
②用紙の上下左右に以下の余白が必要
上５㎜、下10㎜
左20㎜、右５㎜
③裏面には何も書かない

右端に、通しのページ番号と総ページ数を自書してください。

するか、管轄する法務局に連絡しましょう。

STEP２－２　保管申請書に記入する

遺言書の保管の申請書に所定の事項を記入します。申請書は法務省ホームページからダウンロードできます。もしくは法務局の窓口に備え付けられています。

STEP２－３　遺言書を作成した本人が法務局に出向く

本人確認のため、遺言書を作成した本人が法務局に出向く必要があります。そのため、入院していて外出ができないような場合には、保管制度を利用することはできません。また、法務局に出向く際には、顔写真付きの身分証明書の提示及び本籍地と筆頭者の記載された住民票の写し（申請日から３か月以内に取得されたもの）の提出が必要です。

◎ 遺言書の保管申請書サンプル

別記第２号様式（第１０条関係）

申請年月日 令和 3 年 8 月 1 日

遺言書保管所の名称	京都	(地方)法務局		支局・出張所

遺言書の保管申請書

【遺言者欄】※保管の申請をする遺言者の氏名，住所等を記入してください。また，該当する□にはレ印を記入してください。

遺言書の作成年月日		1 1：令和／2：平成／3：昭和 3 年 8 月 1 日
遺言者の氏名	姓	ひかり
	名	太郎
遺言者の氏名（フリガナ）	セイ	ヒカリ
	メイ	タロウ
遺言者の出生年月日		3 1：令和／2：平成／3：昭和／4：大正／5：明治 6 年 5 月 5 日

STEP 2－4 手数料を支払って遺言書を預ける

STEP 1 で作成した遺言書、**STEP 2－2** で記入した保管申請書、**STEP 2－3** で用意した必要書類を法務局に提出します。なお、保管手数料として3,900円かかるので、収入印紙3,900円分を保管申請書に貼付します。このとき、遺言書を封筒に入れておく必要はありません。

遺言書を預けた後は、遺言者本人に限り、遺言書の閲覧の請求をしたり、保管の撤回を申請して遺言書の返却を受けたりすることができます。

3 相続が発生した後の保管制度利用方法

遺言者が亡くなった後は、相続人や関係者が、法務局に遺言書が保管されているかどうかの照会や、遺言書の写しや閲覧の請求ができるようになります。

法務局で取得する遺言書の写しのことを「遺言書情報証明書」といいます。これを入手した相続人や関係者が、遺言の執行や名義変更を行っていくことになります。なお、「遺言書情報証明書」は、生前に本人確認を行っているため、家庭裁判所の検認は不要です。

そして、誰かが遺言書の写しや閲覧の請求をした場合には、他の相続人や関係者に対して、法務局に遺言書が保管されている旨が通知されます。これによって、すべての相続人や関係者が、法務局に遺言書が保管されていることを知ることができ、勝手に遺言の執行や名義変更がされることを防ぐことができます。この通知を「関係遺言書保管通知」と呼びます。

ただし、この「関係遺言書保管通知」は、誰かが法務局に遺言書の写しや閲覧の請求をしなければ通知されることはありません。そうすると、誰も法務局に問い合わせをしなければ、せっかく預けた遺言書の存在が知らされないままになる恐れがあります。そこで、保管制度を利用する際に、相続人、受遺者、遺言執行者の内1名に対して、遺言者が亡くなった時に法務局から自動的に遺言書の存在を通知してもらうように事前に定めておくことができます。

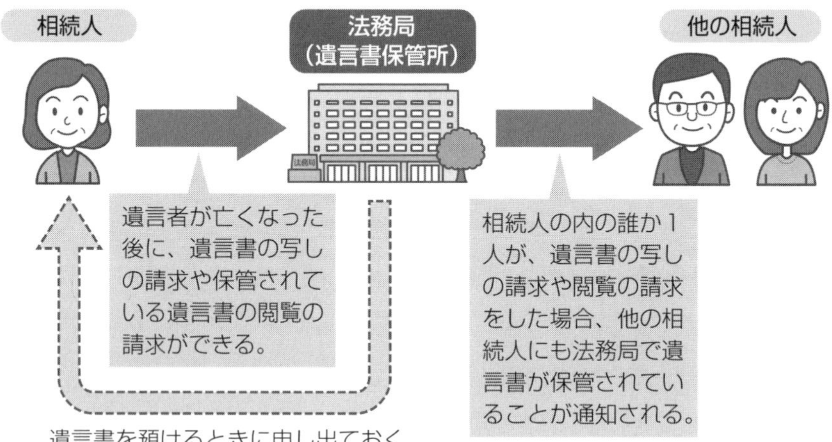

1－5 遺留分制度の見直し

1 遺留分減殺請求の問題点

遺言や生前贈与により、自分の取り分が少なくなった相続人は、他の相続人に対して、最低限の相続分を確保するための請求をすることができます。従来、これを遺留分減殺請求と呼んでいました。

この遺留分減殺請求をすることにより、法律上は相続財産や贈与された財産は共有状態となり、解決するまでその状態が続くことになります。例えば、遺留分減殺請求の対象となった財産が自社株式だった場合には、株式は一株ずつ共有状態となります（これを準共有といいます）。

◎ 準共有のイメージ

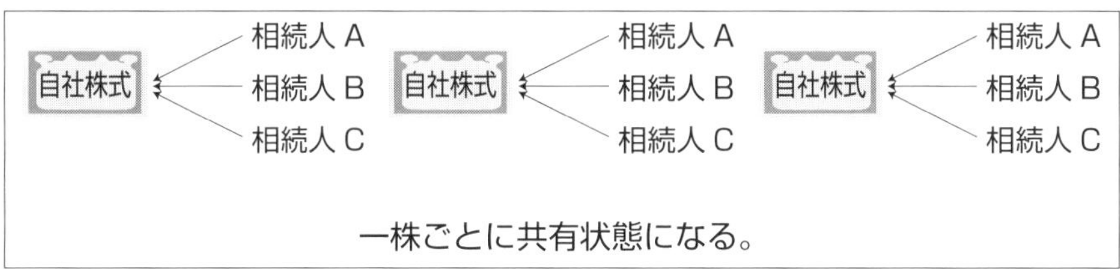

この場合、株主として議決権の行使をするためには、持ち分の過半数の同意を得て、権利を行使する人を会社に届け出る必要があります。つまり、過半数の同意が得られないと、議決権を行使することができず、結果として株主総会で何も決められなくなります。

さらには、共有状態を解消するためには、持ち分を買い取る必要がありますが、その金額は会社の状況を元に算出された時価に基づくことになります。そして、会社の状況によっては、その時価は、相続人の想定をはるかに超える金額になることもあります。

このように、遺留分という制度は、相続人の権利を守る一方で、円滑な事業承継や承継後の会社経営の妨げになるような事態も散見されます。

2 減殺請求に代わる遺留分侵害額請求

そこで、このたび遺留分制度に関して下記のように改正されました。

⑴　遺留分の請求があった場合、財産を共有状態にするのではなく、侵害されている遺留分に相当する金銭の支払いを請求する取扱いになりました。これを、遺留分侵害額請求と呼びます。つまり、今回の改正により、遺留分の請求はいわば「物の請求」から「お金の請求」になったのです。これによって、自社株式を取得した後継者は、たとえ遺留分についてトラブルになったとしても、会社の経営については他の相続人に邪魔をされずに行うことができるようになりました。

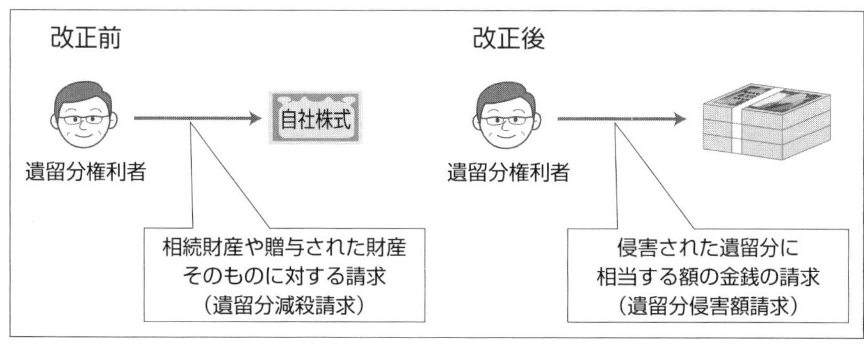

⑵　遺留分侵害額請求を受けた場合に、支払いに必要となる資金をすぐに用意できないときには、裁判所に対して、全部または一部の支払いについて、期限の猶予を申し立てることができるようになりました。

⑶　遺留分の計算をする際の財産総額に含めることのできる生前贈与について特に期間制限がなかったため、特別受益に該当してさえいれば、何十年も前の特別受益も財産総額に含まれることになり、トラブルの一因となっていました。そこで、遺留分の計算をする際の財産総額に含めることのできる生前贈与が、相続開始前10年以内の特別受益に該当するものに限られるようになりました。ただし、各相続人の具体的な遺留分の計算には、10年を超える生前贈与も従来通り含まれますので注意が必要です。詳細な計算は **2－2** を参照してください。

3 遺留分侵害額請求の注意点

遺留分の請求によって財産の共有状態が生じることを防ぐことができ、財産を遺す（もしくは贈与する）人の意思を実現しやすくなったといえるでしょう。しかし、遺留分侵害額請求については、課税上のリスクがありますので、請求を受けた場合には注意が必要です。

繰り返しになりますが、遺留分侵害額請求はあくまで「お金の請求」ですので、請求を受けた側は金銭によって支払うことが原則です。そのため、手元に資金が不足する場合に金銭に代えて相続した不動産で精算したとしますと、これは「代物弁済」となって譲渡所得が生じる可能性があります。

譲渡所得が生じる場合、遺留分侵害額請求を受けた人は、相続税のみならず、譲渡所得税まで支払う必要が生じます。この場合の譲渡所得税は、不動産を渡すことにより消滅することになる遺留分侵害額に相当する価額によって譲渡があったものとして計算されます。

◎ **遺留分の請求に対して金銭以外の財産を渡した場合の課税関係**

	遺留分減殺請求	遺留分侵害額請求
遺留分の請求を受けて財産を渡した人	相続税の更正の請求 （相続税がかかる場合）	譲渡所得税 （みなし譲渡）
遺留分の請求をして財産をもらった人	相続税の期限後申告 （相続税がかかる場合）	

そこで、遺留分侵害額請求に対して不動産を渡した場合の譲渡所得税等の計算例を確認しておきましょう。

{譲渡価額 －（取得費 ＋ 譲渡費用)} × 20.315%

- この場合の譲渡価額は、不動産を渡すことにより消滅することになる遺留分侵害額に相当する価額となる。
  ただし、遺留分侵害額が不動産の時価より大きい場合には、不動産の時価が譲渡価額となる。
- 取得費は被相続人（その先代も含む）が購入した時の金額。なお、建物については購入金額から減価償却を行った後の金額になる。
  購入金額が分からない場合は、譲渡価額の５％となる（実際の取得費が５％よりも少ないときも同様)。

また、一定の場合には、支払った相続税の一部を取得費に加算することができる（相続財産を譲渡した場合の取得費の特例）。

- 譲渡費用は、司法書士に対して支払った登記費用や立退料、測量費など
- 税率は、所得税、住民税、復興特別所得税の合計。20.315％が適用されるのは、譲渡した年の１月１日において、被相続人（その先代も含む）の所有期間を通算して５年を超える場合（長期譲渡）。

　５年以下の場合は39.630％になる（短期譲渡）

（例）　遺留分侵害額が3,000万円、取得費が900万円、譲渡費用が100万円の長期譲渡の場合

{30,000,000円 －（9,000,000円＋1,000,000円)} × 20.315％

＝ 4,063,000円

　先代から受け継がれている不動産ですと取得費が判明しないことも多く、その場合には遺留分侵害額の約20％もの金額が譲渡所得税として課税されることになります（短期譲渡の場合は約40％）。

　この譲渡所得税を、実際には不動産を売っていないにもかかわらず支払わなければなりませんので、負担が非常に大きくなる可能性があります。さらに、相続税の申告期限が到来する前に相続財産を代物弁済で引き渡してしまうと、小規模宅地等の特例の適用要件を満たさなくなる可能性がある点にも注意が必要です（**3－6**参照）。

　従来の遺留分減殺請求が新たに遺留分侵害額請求という「お金の請求」に改められた以上は、原則として「お金」で解決しなければならなくなったといえます。そのための資金を手当てしておくことも相続対策の１つとして重要になったともいえます。

1－6 相続における対抗要件の見直し

1 相続における対抗要件

「○○の不動産は、長男の□□に相続させる」旨の遺言を「特定財産承継遺言」と呼び、遺言書を作る際によく用いられています。これまでは、特定財産承継遺言については、その旨の登記をしなくても第三者に対抗することができました。しかし、2019年７月１日以降に相続が発生して、特定財産承継遺言によって財産を取得する場合には、法定相続分を超える部分については、対抗要件を備えなければ第三者に対抗することができないこととなりました。

2 そもそも対抗要件とは何か

対抗要件とは、権利の変動があったことを第三者に主張することです。不動産であれば登記、動産であれば引き渡しをすることで対抗要件を備えることができると法律で定められています。

例えば、次の図であれば、Ｂさんが Ａさんから不動産を買った旨の登記をしておかないと、万が一、その後に Ａさんが Ｃさんに売却して、Ｃさんが先に登記を備えた場合には、後から購入したＣさんがその権利を主張できます。つまり、売った順番にかかわらず、先に登記をした方が勝つのです。

3　相続人として対応すべきこと

遺言によって自分が不動産を相続したことを第三者に主張する場合には、登記をする必要があります。

これまでも、次の事例において、遺言の内容に不満を抱いた長女は、法定相続分（長女1/2、長男1/2）で勝手に登記をして、長女自身の持ち分を第三者に売却することができました。しかし、第三者に売却された後であっても、長男は遺言書に基づいて自分の元に取り戻すことができましたが、それでは遺言の有無や内容を知らない第三者の利益を侵害する恐れがあり、取引の安全の確保を図ることができません。

そこで、改正後は長女が第三者に売却をして、売却の登記をした場合には、もはや長男は遺言の内容を主張することができなくなります。これにより、遺言の内容を知らない第三者の利益を保護することが可能となります。つまり、特定財産承継遺言によって相続する場合には、相続した旨の登記をしなければ、自分の権利を確保することができなくなったのです。相続時の不動産登記の詳細については、**6-11**を参照してください。

遺言書が見つかった場合には、速やかに専門家に相談するのが得策といえましょう。

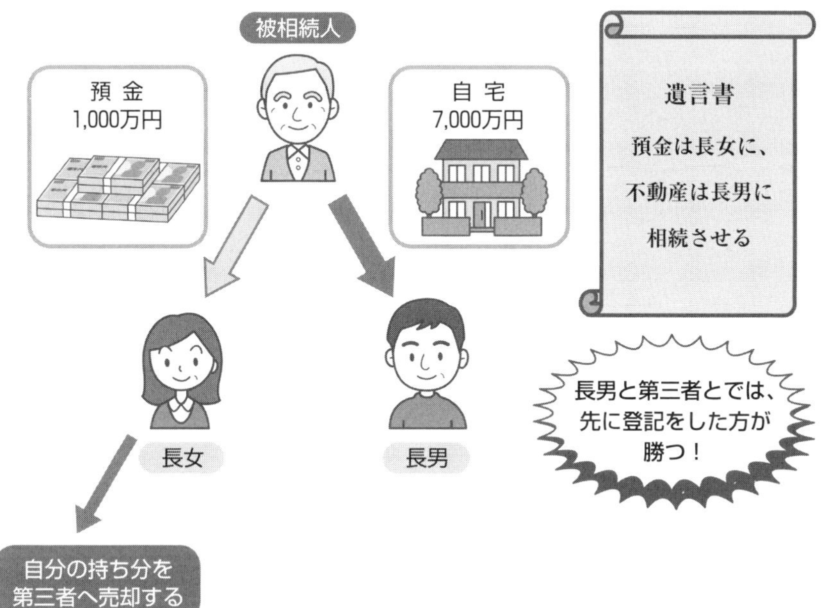

知っておきたい登記のタイムリミット

今回の法改正により、相続登記が義務化されますが（**1－10**参照）、タイムリミットが定められている登記がいくつかありますので、気をつけておきたいところです。

例えば、根抵当権の債務者変更の登記は、相続開始から6か月以内にしておく必要があります。この登記をしないままにしておくと、根抵当権は相続開始時に元本が確定したものとみなされてしまい、新たな融資を受けることが難しくなる場合があります。

また、法人の役員が死亡した場合、2週間以内に退任の登記が義務付けられています。これを怠ると過料が科される場合があります。なお、代表者が死亡した場合は、新たな代表者の選任の登記も同時に必要になります。

1－7 相続人以外の人の貢献に対する考慮（特別の寄与）

1 報われない「非相続人」

　これまでは財産を相続することができるのは、あくまで相続人に限られていました。そのため、長男の妻が義理の両親を献身的に介護やお世話をしていたような場合であっても、遺言で定められていない限り、長男の妻は相続人でないため、一切財産を取得することはできませんでした。

　一方で、相続人は、たとえ被相続人の介護やお世話を全く行っていなかったとしても、相続の廃除に該当しない限りは相続財産を取得することができます。万が一、長男が父親より先に亡くなっていた場合には、長男の妻がその後にどんなに義理の両親の介護やお世話をしても、上述の通り相続人ではない以上、金銭的には報われることはありませんでした。

2 特別の寄与の請求

　今回の改正により、相続人以外の親族が、無償で被相続人の介護や世話その他の労務の提供を行った場合で、それにより被相続人の財産の維持や増加に貢献したときは、相続人に対して金銭の支払いを請求することができるようになりました。これを「特別の寄与」といいます。

　特別の寄与を請求する場合、長男の妻は、相続人（長女と次男）に対して金銭の請求を行うことになります（なお、遺産分割協議はこれまでと同様に相続人のみで行います）。

◎ 特別の寄与の請求の一例

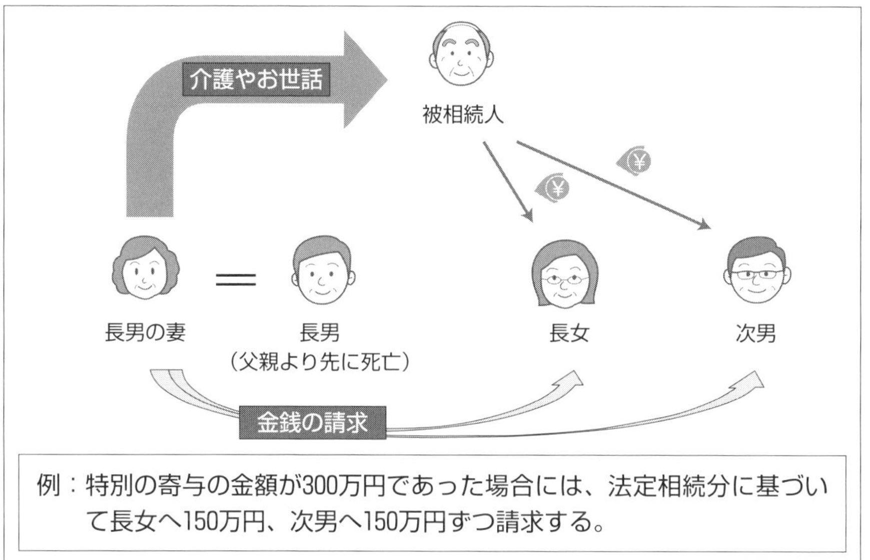

例：特別の寄与の金額が300万円であった場合には、法定相続分に基づいて長女へ150万円、次男へ150万円ずつ請求する。

特別の寄与は、６親等内の血族、３親等内の姻族が請求できます。具体的な金額は、特別の寄与によって増加した遺産の金額などに基づいて計算されますが、相続人との話し合いがまとまらない場合は、相続開始を知ったときから６か月以内（または相続開始から１年以内）に家庭裁判所へ審判を申し立てることができます。

3 特別の寄与の問題点

特別の寄与によって、相続人以外の人の貢献に応えることができるようになりました。しかし、上記 2 のケースでは、長男の妻は、義理の兄弟に対して金銭の請求をすることになり、それがトラブルを招くことは想像に難くありません。

そのようなトラブルを未然に回避し、相続人以外の人に財産を渡したいのであれば、その人へ財産を渡す内容の遺言書を作成しておく必要がありそうです。ただし、**1－5**で解説した「遺留分」についての配慮を忘れないようにしてください。

1－8 遺産分割前の払い戻し制度の創設

1 余儀なくされていた相続人の負担の軽減

これまでは最高裁判所の判例に基づき、亡くなった方名義の預貯金については相続人が単独で払い戻しを受けることはできませんでした。そのため、遺産分割協議が成立するまでの間は、たとえ生活費や葬儀費用の支払い、借入金の返済といった支払いがあったとしても、相続人が自己資金で負担する必要がありました。

そこで、この負担を軽減するために遺産分割協議が成立する前に払い戻しを受けるための制度が新たに創設されました。

①	一定の金額の範囲内であれば、家庭裁判所の判断がなくても相続人が単独で預貯金の払い戻しを受けることができます。	各相続人は、被相続人名義の各口座ごと（定期預金の場合は明細ごと）に、以下の計算式による金額までは他の相続人の同意がなくても単独で払い戻しを受けることができます。 相続開始時の預貯金の金額×1/3×払い戻しを求める相続人の法定相続分 ※ただし、1金融機関での払い戻し限度額は、150万円まで
②	家庭裁判所による審判があれば、家庭裁判所が認める範囲内で預貯金の払い戻しを受けることができます。	

①のケースについて具体的な計算例を示しておきます。

法定相続人：長男と次男（法定相続分は1/2ずつ） 被相続人名義預金残高：A銀行：300万円　B銀行：1,200万円	
A銀行から払い戻しを受けられる金額	300万円×1/3×1/2＝50万円＜150万円 ⇒50万円が払い戻し可能（長男、次男とも同額）
B銀行から払い戻しを受けられる金額	1,200万円×1/3×1/2＝200万円＞150万円 ⇒150万円が払い戻し可能（長男、次男とも同額）

2　制度利用にあたっての注意点

今回の改正によって、相続人間の公平を図りながらも、相続人の資金需要に対応できるようになりました。

ただし、払い戻しを行うためには以下の書類が必要となり、戸籍謄本をすべて揃えるまでにある程度の時間を要するケースも多いため、葬儀費用のような急ぎの資金需要には対応できない可能性が高いといわざるを得ません。本当に急ぎの資金需要に対応するには生命保険の活用が得策といえます。生命保険であれば、受取人だけで手続きができますので、準備する書類も少なくて済みます。また、請求してから数日で保険金が支払われるため、急な資金需要にも対応することができます。

①	亡くなった人の戸籍謄本（出生から死亡までの連続したもの）
②	相続人全員の戸籍謄本
③	預金の払い戻しをする人の印鑑証明書

なお、払い戻された預貯金は、その相続人が遺産の一部分割により取得したものとみなされます。さらに、遺産分割協議がされる前に勝手に預貯金が引き出されたような場合であっても、相続人全員もしくは勝手に引き出した人以外の同意があれば、その引き出された金額を遺産分割の対象とすることができます。ただし、相続発生の直前や直後に引き出された預貯金については、その使途をめぐってトラブルになることも少なくありませんから、記録を残すなどして説明ができるようにしておくことが望まれます。

1－9 夫婦間での居住用不動産の贈与の効力の改正

1 居住用不動産の贈与をめぐる問題点

一定の要件を満たす夫婦間における居住用不動産の贈与については、2,000万円までは非課税となる税法上の特例があります（**4－11**参照）。

一方で、民法上は、夫婦間で居住用不動産の贈与を行ったとしても、その贈与は遺産の先渡し、つまり特別受益に該当するとされています（特別受益については、**2－3**を参照してください）。そのため、下記に図示するように、贈与を受けた配偶者が最終的に取得できる財産の総額は、贈与を受けなかった場合と同じ金額になるため、生前に贈与を行ったとしても、遺産分割の上では意味がないことになっていました。

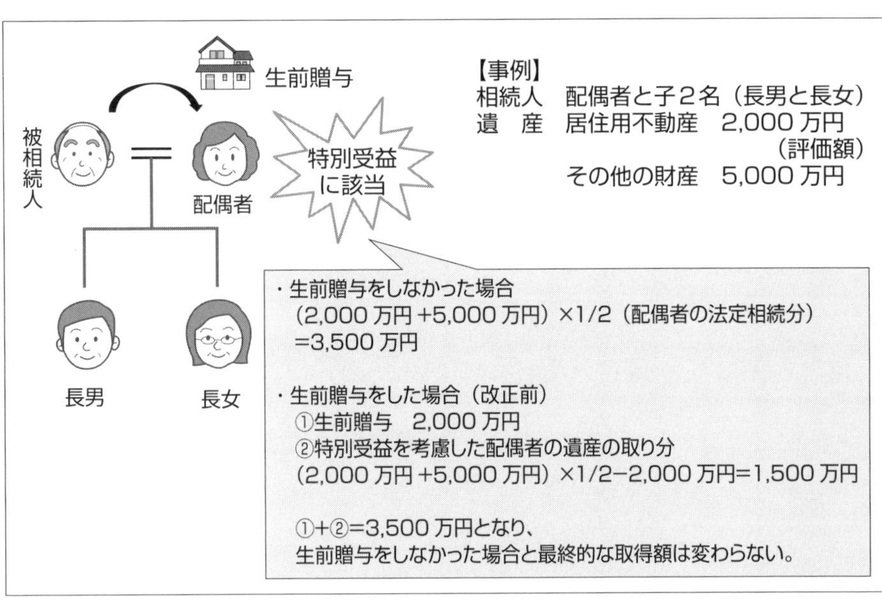

しかし、これでは居住用不動産を生前に贈与した配偶者の思いに沿うことができません。つまり、あえて生前贈与をしたということは、遺産分割

の対象にはしないことが想定されていると考えるのが自然というわけです。つまり、贈与した配偶者の意向と法的な取扱いが相反するものになっていたのです。

2 居住用不動産と配偶者の保護

今回の改正により、法律上の婚姻期間が20年以上である夫婦の一方が、もう一方の配偶者に対して、その居住用建物またはその敷地（居住用不動産）を贈与した場合（遺贈も含む）については、特別受益の持ち戻し免除の意思表示があったものと推定して、遺産分割において、その居住用不動産の価額を除外して遺産の取り分を計算することができるようになりました。

なお、居住用不動産に係る「贈与税の配偶者控除」では、非課税となるのは贈与税の評価額で2,000万円までとなりますが、この持ち戻しの免除については上限金額はありません。

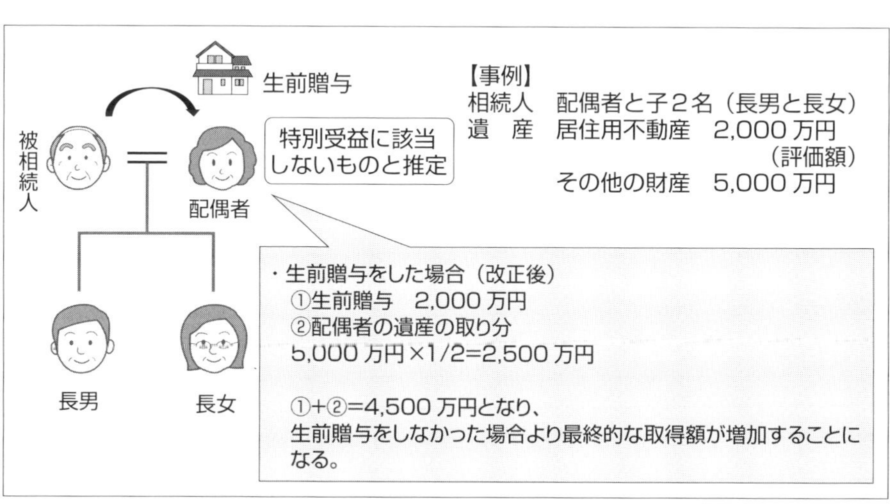

この改正によって、贈与を受けた配偶者は、より多くの財産を取得することができるようになり、贈与した配偶者の意向に沿った遺産分割が可能となりました。

1-10 所有者不明土地の発生と解消の施策

1　所有者不明土地が発生する理由

所有者不明土地とは、不動産登記簿から所有者を明らかにすることができなかったり、判明しても所有者に連絡がつかなかったりする土地のことをいいます。少し古いデータですが、2016年時点でこのような土地が九州を上回る410万ヘクタールもあるといわれています。

その原因は、所有者が死亡して相続が発生しても、相続人が所要の登記をせずに放置していることにあります。確かに、相続登記は義務ではないことから、そのまま放置しておいても不利益を被ることは少ないといえます。また、都市部への人口移動や少子高齢化等により、地方における土地の所有意識が希薄化する一方、土地を利用したいというニーズが低下していることも一因になっています。

2　所有者不明土地の解消に向けた立法

このような所有者不明土地について、今後も遺産分割されることなく、したがって登記もされないという状態が継続すると、結果として土地の共有者が累増し、収拾がつかなくなる恐れがあります。事実、多数の共有者の一部が所在不明のため、土地の管理や利用に必要な合意形成が困難になり、道路拡幅などの公共事業に障害が生じている事例も報告されています。

そこで、相続登記の申請を義務化することや相続した土地を国庫に帰属させることができる制度が導入されました。具体的には次ページの表のように不動産登記法や民法の改正に加えて「相続等により取得した土地所有権の国庫への帰属に関する法律」（相続土地国庫帰属法）が制定されました。

なお、これらの改正法や新法は2021年４月28日に公布されていますが、施行は公布日から２年以内の政令で定める日とされています。

目標	法律		主な内容
発生予防	不動産登記法	改正	●相続登記や住所変更登記の申請義務化 ●相続登記や住所変更登記手続の簡素合理化
	相続土地国庫帰属法	新設	●相続等により望まない土地等を取得した場合に、当該土地の所有権を国庫に帰属させる制度の創設
土地利用円滑化	民　法	改正	●不明共有者の持分の価額に相当する額の金銭の供託により不明共有者の共有持分を取得して不動産の共有関係を解消する仕組みの創設 ●所有者不明土地の管理に特化した新たな財産管理制度の創設 ●相続開始から10年を経過したときは、特別受益や寄与分を主張することが不可

3　不動産登記法の改正

不動産を取得した相続人に対して、その取得を知った日から３年以内に相続登記の申請をすることを義務付けるとともに、正当な理由なく義務に違反した場合は過料によって罰せられます。

一方、相続登記の申請義務を簡易に履行できるように登記手続きの負担が軽減されます。具体的には、相続人が登記名義人の法定相続人である旨を登記所に申し出ることによって、単独での申告が可能になり、また添付書面も簡略化されます。さらに、所有不動産記録証明制度が新たに設けられ、相続登記が必要な不動産の一覧を登記所が発行することによって、相続登記漏れを防止することが期待されています。

なお、登記官が住基ネット（住民基本台帳ネットワークシステム）などから死亡等の情報を取得し、職権でその旨を登記に表示する（持分は登記されない報告的な登記）ことができるなど、改正法には所有者不明土地の発生を予防する手当てが盛り込まれています。

4 相続土地国庫帰属法の創設

「相続等により取得した土地所有権の国庫への帰属に関する法律」、略して相続土地国庫帰属法ですが、この法律の趣旨は相続等によって取得した土地の所有権または共有持分を国庫に帰属させることによって所有者不明土地の発生を抑制しようというものです。

具体的には、相続等によって土地を取得した者に限って国庫への帰属を申請することができ、所定の審査を経て承認・収納されることとされていますが、建物がある土地や担保権が設定されている土地、境界が明らかでない土地などは門前払いされます。また、安易な国庫帰属申請を牽制するために、標準的な管理費用を考慮して算出した10年分の土地管理費相当額を納めなければならないとされています。

5 民法の改正

⑴ 共有制度の見直し

所在不明の共有者がいる場合、土地の利用や処分に大きな障害が発生します。こうした障害を排除するべく、裁判所の関与の下で不明共有者に対して公告等をした上で、残りの共有者の同意で共有物の変更行為や管理行為ができることとされました。また、裁判所の関与を条件に不明共有者の持分の価額に相当する額を金銭で供託することによって不明共有者の共有持分を取得して不動産の共有関係を解消する仕組みも創設されました。

⑵ 財産管理制度の見直し

所有者不明土地の管理に特化した新たな財産管理制度が創設されました。裁判所が所有者不明土地管理命令を発令し、所有者不明土地管理人を選任して、その善管注意義務のもとに所有者不明土地の管理にあたりますので、裁判所の許可があれば売却することも可能になります。

一方、裁判所は管理不全土地管理命令を発令して、管理不全土地管理人を選任し、管理が不適切な土地が他人の権利を侵害することのないように管理にあたらせることになりました。

(3) 相続制度の見直し

遺産分割協議に期限はありませんが、相続開始から長期間放置された後の遺産分割では具体的相続分に関する証拠等が散逸して共有状態の解消が困難になります。そこで、相続開始から10年を経過すると特別受益や寄与分といった具体的相続分の計算を複雑にする要素を排除して遺産分割の長期未了状態の解消を促進することとされました。

コラム 成年年齢の引下げが相続に与える影響

1 成年年齢が引き下げられます

成年年齢を18歳に引き下げることを内容とする「民法の一部を改正する法律」が2022年４月１日から施行され、その日の時点で、18歳以上20歳未満の人は、その日に成年に達することになります。

2 成年年齢の引下げで幸いなこと

民法の成年年齢には、「一人で有効な契約をすることができる年齢」という意味と、「父母の親権に服さなくなる年齢」という意味があります。成年年齢の引下げによって、18歳、19歳の方も親の同意を得ずに様々な契約をすることができるようになります。

3 成年年齢の引下げで気になること

例えば、相続人が母親と未成年の子供の場合、家庭裁判所を通じて子供に特別代理人を選任することになります。母親とはいえ同じ相続人であることから利害が対立するためです。しかし、成年年齢が引き下げられることによって、代理人なしに母親と分割協議をすることになれば、子供にとって不利になる可能性があるようにも思います。

また、相続税の世界でも、従来は相続開始時の未成年者の年齢と20歳の差が控除の対象でしたが、これが18歳になると不利になります。

なお、喫煙や飲酒については、健康被害への懸念から20歳のまま据え置かれていますので、念のため。

第2章

知っておきたい
相続の基本

2－1 相続人になるのは誰？

1 相続人になる順序

相続が発生して、誰が相続人となるかは民法で定められています（法定相続人）。その順位は下記のとおりです。ただし、配偶者は常に相続人となります。

順　　位	相　続　人
第一順位	配偶者と直系卑属（子や孫）
第二順位	配偶者と直系尊属（両親など）
第三順位	配偶者と兄弟姉妹

相続人の順位はこのようになっていて、上位の相続順位の人がいるときは、下位の人には相続権がありません。

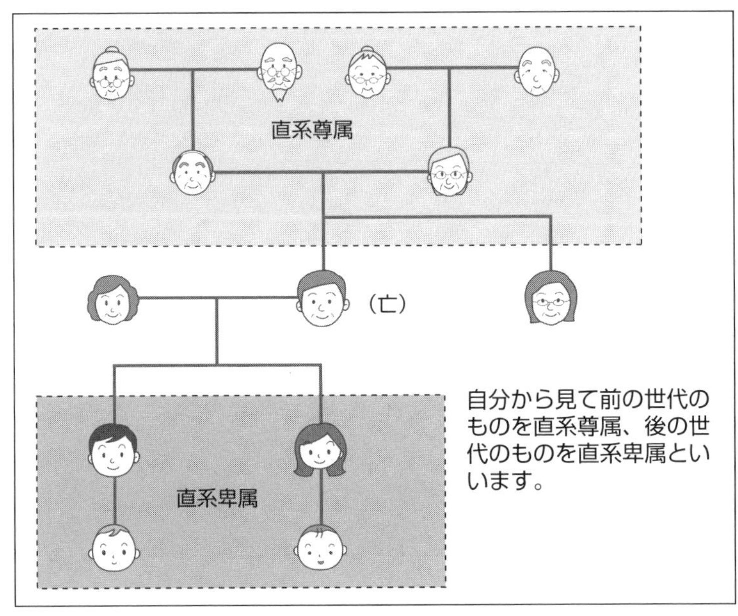

2 子が先に亡くなっていたら孫が相続

前述のように、相続人の順位は決まっていて、それを勝手に変更することはできません。しかし、相続開始以前に、被相続人よりもその相続人が先に死亡（廃除・欠格を含みます）していた場合には、その相続人の直系卑属がその相続人に代わって相続することができます。これを代襲（だいしゅう）相続といい、代襲相続する者を代襲者、代襲相続される者を被代襲者といいます。

被代襲者が子であれば、代襲者として孫（いなければ曽孫）が相続することになりますが（下図①）、被代襲者が兄弟姉妹である場合には、その子までしか代襲相続することは認められておらず、その孫は代襲相続する権利がないので注意が必要です（下図②）。

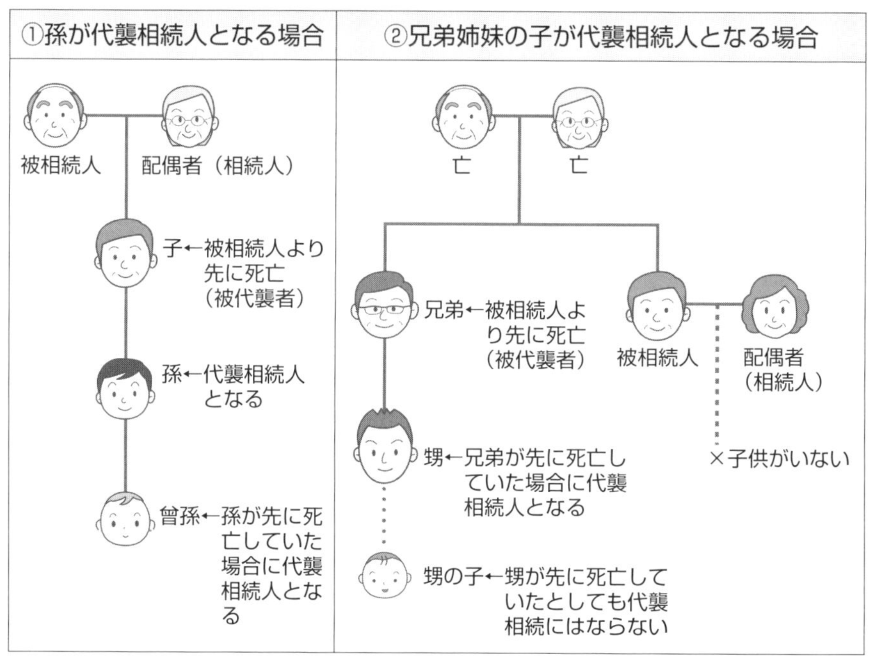

ところで、ここでいう相続開始以前の「以前」とは、同時に死亡した場合を含みますので、例えば、父と子が交通事故に遭って2人とも即死であった場合、孫が父を代襲相続することになります。また、どちらが先に死亡したかわからない場合は、民法の規定により同時に死亡したものとされる

ので、やはり孫が父を代襲相続をすることになります。

ところで、同時に死亡した場合と父が先に死亡した場合との違いは、子の妻が相続人になれるかどうかということです。例えば、父が死亡した後に子が死亡した場合、子の配偶者は子の相続人ですから相続できることになりますが、父と子が同時に死亡した場合、孫が子を代襲相続することになり、子の配偶者に父の相続権はありません。

3 普通養子と特別養子について

養子制度とは、血縁ではなく人為的に親子関係を作り出す制度であり、その目的は、「家」を絶やさないこと、子のいない親の心情を満たすこと、そして親のいない子に親を与えて健全な子を育てることにあるとされています。

この点、普通養子も特別養子も目的は同じですが、特に親が様々な事情で子を育てられない場合に、その子の健全な育成を重視した制度が特別養子縁組制度です。

	普通養子	特別養子
成立要件	届出	家庭裁判所の審判
養親の適格	成年者であればよく配偶者は不要	原則：配偶者のあるもので、25歳以上 例外：夫婦の一方が25歳以上なら他方は20歳以上でよい
養子の適格	・養親より年長でないこと ・養親の尊属でないこと	原則：６歳未満 例外：８歳未満でかつ６歳になる前から養親となるものに監護されている場合
実親との関係	継続される	原則終了

4 養子縁組前に生まれた子供の代襲相続権

子供のいる者を養子にした場合、その養子の子供と養親との間には、法定血族関係が生じないことから、代襲相続権がないのに対し、養子縁組後に生まれた養子の子供には代襲相続権があるという違いがあります。これは、養子縁組制度のひとつの問題点ですが、代襲相続人は、直系血族でなければならないために生じる現象です。

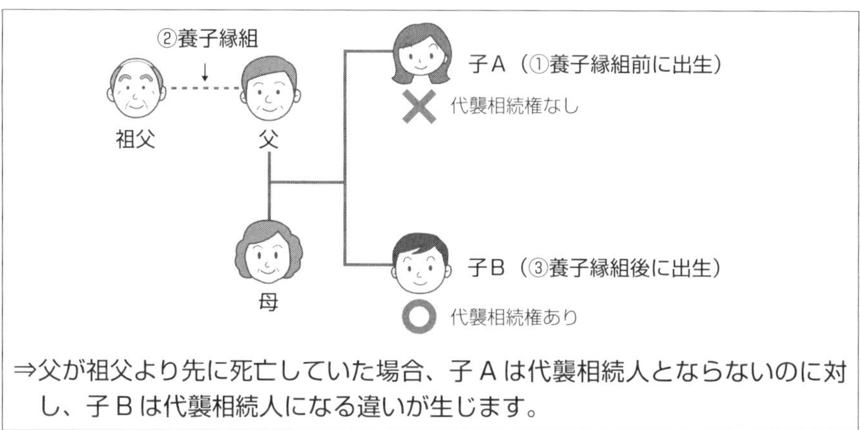

⇒父が祖父より先に死亡していた場合、子Ａは代襲相続人とならないのに対し、子Ｂは代襲相続人になる違いが生じます。

ただし、次のように親子関係にある母の配偶者である父と養子縁組をしたという、いわゆる婿養子のケースでは養子縁組の前後に関係なく子には代襲相続権が認められます。

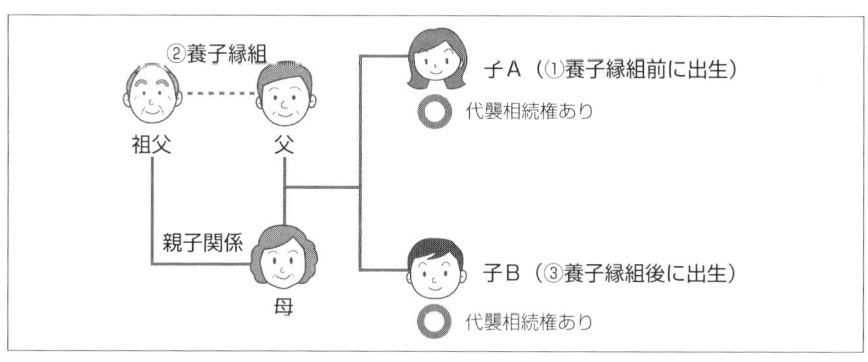

2－2 相続分と遺留分

1 相続財産の配分ルール

相続が発生した場合、誰がどのような割合で財産を取得するのでしょうか。

被相続人が遺言を残していた場合は、原則として、その遺言に従って相続財産を配分しますが、遺言を残さずに亡くなられる方も少なくありません。この場合は法律（民法）で定められた相続分を参考にしながら相続人間で話し合い（遺産分割協議）を進めることになります。

反対に、遺言は残されていたものの、その内容が一部の相続人にとってあまりにも不公平である場合には、相続人は遺留分という民法が定める最低限の遺産を相続する権利を主張することができます。

2 相続分とは何か

まず、相続人には相続分という権利が認められています。相続分とは、相続人が相続財産について主張することができる権利の割合のことをいいます（法定相続分）。この割合は、誰が相続人になるのかによって異なってきますので、以下に表で示します。同順位の相続人が数名いる場合は、全員でその相続分を均分します。

例えば、配偶者と子３名が相続人である場合、相続分は、配偶者が２分の１、子が２分の１となります。子は２分の１の相続分を全員で均分しますので、最終的には、配偶者が２分の１、子がそれぞれ６分の１という相続分になります（具体例①）。

ポイントは、配偶者は常に相続人になるということと、先順位の者がいないときに限り、後順位の者が相続人になるということです。

◎ 法定相続分

	配偶者	配偶者以外の相続人
第１順位　子	$\frac{1}{2}$	$\frac{1}{2}$
第２順位　親、祖父母など	$\frac{2}{3}$	$\frac{1}{3}$
第３順位　兄弟姉妹	$\frac{3}{4}$	$\frac{1}{4}$

具体例①　配偶者と子３人

配偶者　$\frac{1}{2}$

子　$\frac{1}{6}$　$\left(\frac{1}{2}\times\frac{1}{3}\right)$

子　$\frac{1}{6}$　$\left(\frac{1}{2}\times\frac{1}{3}\right)$

子　$\frac{1}{6}$　$\left(\frac{1}{2}\times\frac{1}{3}\right)$

具体例②　配偶者と親

配偶者　$\frac{2}{3}$

親　$\frac{1}{3}$

具体例③　配偶者と兄弟２人

配偶者　$\frac{3}{4}$

兄弟　$\frac{1}{8}$　$\left(\frac{1}{4}\times\frac{1}{2}\right)$

兄弟　$\frac{1}{0}$　$\left(\frac{1}{4}\times\frac{1}{2}\right)$

具体例④　配偶者のみ

配偶者　全財産

3　遺留分とは何か

⑴　相続の最低保証額

遺留分とは「相続人に最低限保証されている相続分」と説明されます。本来、被相続人は自らの財産を（例えば、遺言によって）自由に処分することができるはずですが、相続人の生活保障や潜在的持分の清算といった観点から遺留分が認められています。ただし、すべての相続人が遺留分を有するわけではありません。兄弟姉妹以外の相続人とされていますから、配偶者と子（代襲者）または直系尊属が対象となります。

そして、遺留分の割合は、直系尊属のみが相続人である場合に法定相続分の1/3となるほかは、すべて法定相続分の1/2とされています。

⑵　遺留分減殺請求から遺留分侵害額請求への変更

従来、遺留分については、それが侵害されている原因である遺贈や贈与の効果を否定することができる「減殺請求」という手続きによっていました。しかし、減殺請求が認められた結果、例えば不動産について（仲の良くない）相続人による共有関係が生じかねないことから、決して望ましい解決方法とはいえませんでした。

そこで、新しい相続法では目的物の返還請求権である遺留分減殺請求に代えて、金銭の支払請求権としての「遺留分侵害額請求権」に変更されました。つまり、前述のように不動産の共有状態が生じるような解決ではなく、侵害額を金銭で精算するという現実的な処理が可能になったわけです。

⑶　遺留分侵害額の計算例

遺留分の計算をする際の財産総額に含めることのできる生前贈与が、相続開始前10年以内の特別受益に該当するものに限られることになりました。ただし、各相続人の具体的な遺留分の計算には、従来通り10年を超える生前贈与も含まれます。これを簡単な計算例で確認しておきましょう。

相続人は長男と次男の2人で、遺言書はすべての財産を長男へ相続させる内容になっていました。一方、被相続人は15年前に次男に対して5,000万円を贈与していました。なお、相続開始時の財産は1億円でした。

	遺産①	15年前の生前贈与②	遺贈③	遺留分割合④	遺留分の額①×④＝⑤	遺留分侵害額⑤－①or②＝⑥
長男	10,000		10,000	$\frac{1}{4}$	2,500	△7,500
次男		5,000		$\frac{1}{4}$	2,500	△2,500

この計算例では、15年前の次男への5,000万円の贈与は遺留分算定の基礎となる財産には含まれませんが、次男の遺留分の算定には含まれます。この計算結果から、次男が請求できる遺留分侵害額は0（マイナスはゼロ）となり、長男へ請求することはできません。

⑷　遺留分侵害額請求権の時効

遺留分侵害額請求権は、遺留分を有する相続人が、①相続の開始および遺留分を侵害する贈与または遺贈があったことを知った時から１年間行使しないとき、②相続開始の時から10年を経過したとき、に時効によって消滅します。

⑸　遺留分の放棄

相続放棄（**6－6** 参照）と異なり、遺留分は相続開始の前後を問わず放棄することができますが、相続開始前に放棄する場合は家庭裁判所の許可が必要です。これは、被相続人が存命中に一部の相続人に対して不当な圧力を加えることを防止する趣旨です。逆に、相続開始後はいつでも自由にすることができます。また、遺留分の放棄が他の相続人に影響することはありません。

なお、遺留分を放棄しても相続を放棄したことにはなりませんので注意してください。

2－3 特別受益と寄与分

1 相続分の修正

被相続人から生前贈与や遺言による贈与を受けた相続人がいる場合に、これらの贈与や遺贈などの「特別な受益」を考慮する必要があります。一方、労務の提供や療養看護を通じて被相続人の財産の増加や維持に貢献した相続人がいる場合には、これらの「寄与」にも配慮しなければなりません。つまり、相続人間の公平を図るために相続分は特別受益と寄与分を反映して修正される必要があります。

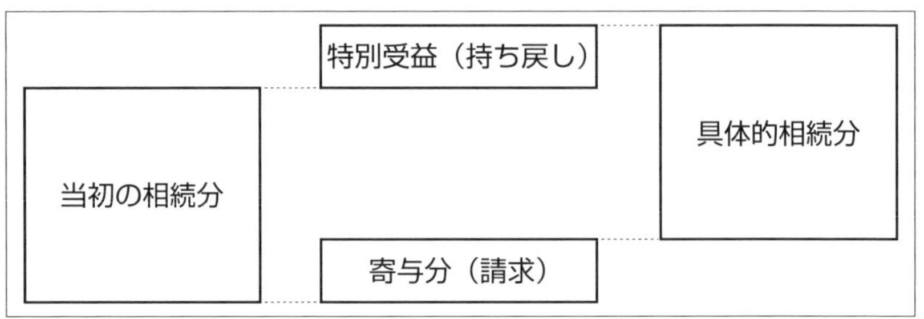

2 特別受益について

(1) 特別受益の具体例

特別受益とは相続人が被相続人から受けた生前贈与や遺贈ですが、生前贈与については①婚姻もしくは養子縁組のための贈与と②生計の資本としての贈与があるとされます。①には婚姻にあたっての持参金や支度金などが該当し、結納金や挙式費用は含まれません。また②には居宅の贈与や開業資金の提供といった財産上の給付が該当する一方、高等教育費用や留学資金などについては常識的な金額である限りは該当しないとされています。

なお、特別受益者は相続人に限られます。また、具体的相続分に加算される財産の評価は相続開始時の価額によります。

⑵ 特別受益の計算例

亡くなった夫の相続人が妻と長男、次男の３人で遺産が5,000万円だったとします。妻が2,000万円の居住用不動産の贈与を、長男が1,000万円の遺贈を受けたとします。この場合の各相続人の具体的相続分は次のようになります。

	遺産①	生前贈与②	遺贈③	法定相続分④	(①+②+③)×④=⑤	相続分の修正⑥	具体的相続分 ⑤+⑥
妻	5,000	2,000		$\frac{1}{2}$	4,000	△2,000	2,000
長男			1,000	$\frac{1}{4}$	2,000	△1,000	1,000
次男				$\frac{1}{4}$	2,000	0	2,000

⑶ 特別受益の持ち戻し免除

上記計算例のように特別受益を相続分に反映させることを「特別受益の持ち戻し」といいます。この持ち戻しは被相続人の意思表示によって免除することができますが、贈与契約書や遺言などによって明示しておく必要があります。上記計算例で妻に対する居住用不動産の生前贈与について持ち戻しが免除されていた場合、計算結果は次のようになります。

	遺産①	生前贈与②	遺贈③	法定相続分④	(①+③)×④= ⑤	相続分の修正⑥	具体的相続分 ⑤+⑥
妻	5,000	2,000		$\frac{1}{2}$	3,000	0	3,000
長男			1,000	$\frac{1}{4}$	1,500	△1,000	500
次男				$\frac{1}{4}$	1,500	0	1,500

⑷ 持ち戻し免除の推定

上記の計算例からも明らかなように、妻に対する生前贈与の持ち戻しが免除されると妻の具体的な相続分は増加します。そこで配偶者の権利保護を図る観点から、以下の要件を満たす贈与や遺贈については「持ち戻し免除の意思表示」があったものと推定されます。

①	婚姻期間が20年以上の夫婦のうち、一方が被相続人となり他方の配偶者に対して遺贈または贈与をした場合
②	①の贈与または遺贈が、居住の用に供する建物またはその敷地を対象としているとき

3 寄与分について

(1) 寄与分とは何か

被相続人が営んでいた事業への労務の提供や被相続人に対する療養看護を通じて被相続人の財産の増加や維持に貢献した相続人がいる場合、その貢献のことを寄与分といいます。この寄与分は、1980年の民法改正において制度化されたもので、その歴史はまだ浅いのですが、具体的な相続分を算定する上で考慮するべき１つの要素として考えられています。

(2) 寄与分の計算例

亡くなった夫の相続人が妻と長男、次男の３人で遺産が5,000万円だったとします。そして、長男が父の営む事業の発展に貢献し、1,000万円の寄与があったとした場合の各相続人の具体的相続分は次のように計算されます。

	遺産①	寄与分②	法定相続分③	(①－②)×③＝　④	相続分の修正⑤	具体的相続分　④＋⑤
妻	5,000	1,000	$\frac{1}{2}$	2,000		2,000
長男			$\frac{1}{4}$	1,000	1,000	2,000
次男			$\frac{1}{4}$	1,000	0	1,000

⑶　寄与分の評価

特別受益は、贈与や遺贈といった形式を取ることから、財産的な給付価値を測定することは比較的容易ですが、寄与分については財産的な給付に限られず、むしろ役務の提供や療養看護の実施といった無形のものであるために金額に置き換えることが困難です。また、ひとくちに療養看護といっても扶養義務との線引きが難しいともいえます。結局、寄与分については、相続人間の話し合いによって決めざるを得ず、それが首尾良くいかない場合は、調停や審判に委ねることになります。

⑷　特別の寄与

ところで、寄与分が認められるのは相続人に限られます。したがって、例えば相続人の配偶者が被相続人の療養看護に努めたとしても、相続人ではない者は寄与分の主張をすることができませんから、このような場合の相続人の配偶者の寄与に十分に報いることは困難でした。

そこで、相続人以外の者の貢献を反映して相続人との公平を図ることとし、特別の寄与に関する規定が新たに設けられました。その結果、相続人以外の者が被相続人の療養看護等を行った場合、下記の要件のもとで、相続人に対して金銭（特別寄与料）の支払いを請求することができることになりました。

①	請求できる人	①　被相続人の親族（６親等内の血族および３親等内の姻族）。 ②　相続を放棄した者や廃除された者は含まれません。
②	請求の対象	①　被相続人に対する無償の労務の提供があった場合 ②　被相続人の療養看護をした場合

なお、特別寄与料は、遺産分割手続きにおいて考慮されるものではなく、相続とは別の枠組みで相続人に対して請求するものであることに留意してください。

2－4 相続人がいない場合の相続

1 相続人がいない場合の相続財産の行方

誰が相続人となるのかは**2－1**で解説したとおりですが、では親や子供あるいは兄弟姉妹といった相続人が誰一人としていない場合はどうなるのでしょうか。親戚など近い親族の人が候補者になりそうに思いますが、遺言がない限りそのようなことはなく、相続財産の行方については民法の定めるところに従います。以下は、相続人がいない場合の相続財産の行方について示したフローチャートです。

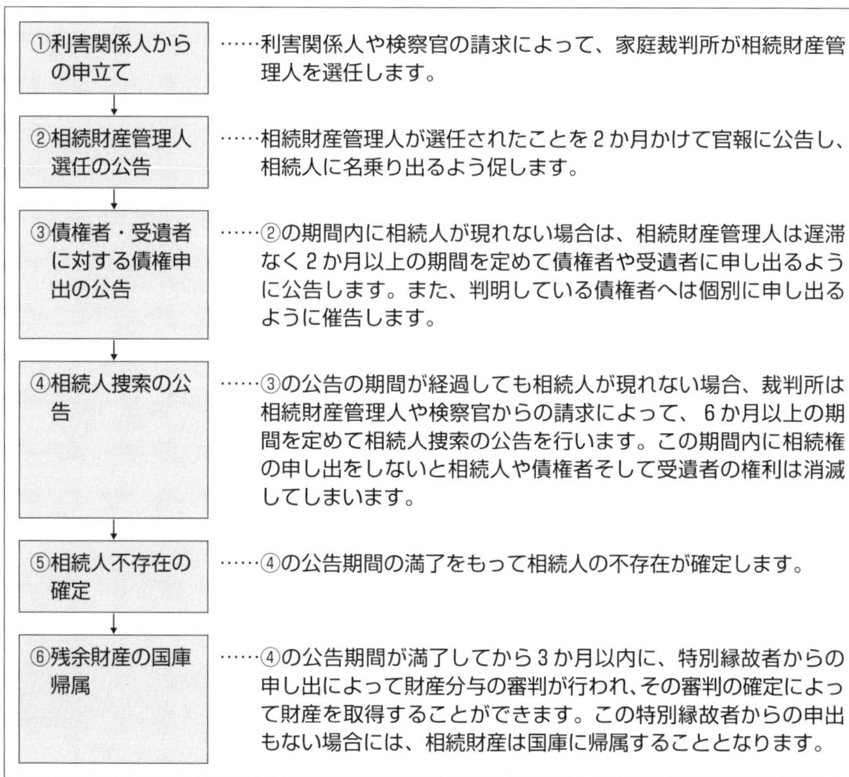

2 特別縁故者への財産分与

特別縁故者とは、被相続人の生前に相続人と同等にみなされるような関係にあった人をいいます。特別縁故者は、相続人の不存在が確定した場合、相続財産を国庫に帰属させる前に財産分与を受けることができます。具体的なケースとしては、内縁の妻や事実上の養子などが考えられます。

特別縁故者として認められる人
① 被相続人と生計を共にしていた人 ② 被相続人の療養看護に努めた人 ③ その他被相続人と特別の縁故があった人

①の被相続人と生計を共にしていた人とは、法律上の相続権はありませんが、相続人と同等にみなされる人です。婚姻関係にはなかったものの夫婦同然に生活をしていた内縁の妻などがこれにあたります。判例では、子供がなく婚姻届も出さなかったが、20年以上同棲生活を送った場合など、事実上の夫婦とみなされる場合に認められています。

②の被相続人の療養看護に努めた人とは、①のように生計を共にはしていませんが、特に被相続人の療養看護に努めた人が考えられます。報酬を受けて療養看護に努めた人などは除かれますが、対価以上の療養看護に努めた人が認められたケースはあります。

③その他被相続人と特別の縁故があった人とは、①や②に準ずる程度の関係があり、相続財産をその人に分与することが故人の意思に適うと考えられる人が該当します。

3 相続財産管理人の仕事

相続財産管理人は、前ページのフローチャートのとおり、利害関係人や検察官の請求によって選任されます。その目的は、相続財産の散逸・隠匿を防止し、法律に従った適正・公平な管理をすることで管理財産の適切な清算手続きを行うことにあります。相続財産を維持管理しながら、法定期間の経過後は、債権者や受遺者へ債務の清算を行います。また、不動産などがある場合には換価処分することもします。

4 相続人のいない相続事案の状況

では実際、世の中にはどれくらい相続人のいない相続事案があるのでしょうか。以下は家庭裁判所から発表されている受理件数の抜粋です。

	2011年	2015年	2019年
相続財産管理人の選任申立て	15,676	18,618	21,751
特別縁故者への相続財産の分与の申立て	1,010	1,043	1,040

出所：司法統計年報　家事審判・調停事件の事件別新受件数（全家庭裁判所）

相続人不存在の中には、相続人全員が相続放棄をした場合も含みますので、当初から相続人が誰もいなかった場合だけではありませんが、それを考慮しても、その数は年々増加傾向にあることがわかります。

第3章

知っておきたい相続税のイロハ

3－1　相続税計算のあらまし

1　美田を残すべきか？

みなさんは「児孫のために美田を残さず（買わず）」という言葉をご存知でしょうか。これは、財産をたくさん残すと子や孫たちはそれに頼ってしまうので財産を残さないようにしなさいという、幕末の雄、西郷隆盛さんの言葉です。

しかし、非正規雇用の若年労働者の増加やリストラなど、いわゆる経済格差が問題となっている現代社会においては、子孫のために美田（相続財産）を残すことも、高齢世代の重要な責務といえます。

そこで第3章では、この美田を残した場合に気になる相続税について、そのおおまかな仕組みと基本的な計算方法を中心に理解を深めたいと思います。

2　相続税の目的とその仕組み

人の死亡をきっかけとして、故人の財産を配偶者や子供たちが受け継いだとき、この財産の移転に着目して課税されるのが相続税です。家族の財産を受け継いだだけなのに、なんで税金がかかるのだろうと首を傾げる方も多いかと思いますが、これには相続税の課税目的である富の再配分機能が大きく関わっています。少し乱暴ないい方になりますが、たまたま親が資産家で多額の遺産を手にして生活をしている人がいる一方で、親からの援助なく自ら汗して働いている人がいるのは社会的に不平等であり、多額の遺産をもらった人からは税金を徴収して社会に還元しましょう、ということなのです。

次に相続税の仕組みですが、相続は被相続人が所有していた土地や現金といったプラスの財産だけでなく、被相続人の借入金などのマイナスの財産も基本的に引き継がなければなりません。したがって、プラスの財産からマイナスの財産を差し引いた正味の遺産総額を求め、その正味遺産総額が基礎控除額を超えた場合に相続税がかかることになります。いい換えれば、正味の遺産総額が基礎控除額以下であれば、相続税が課税されることはありません。

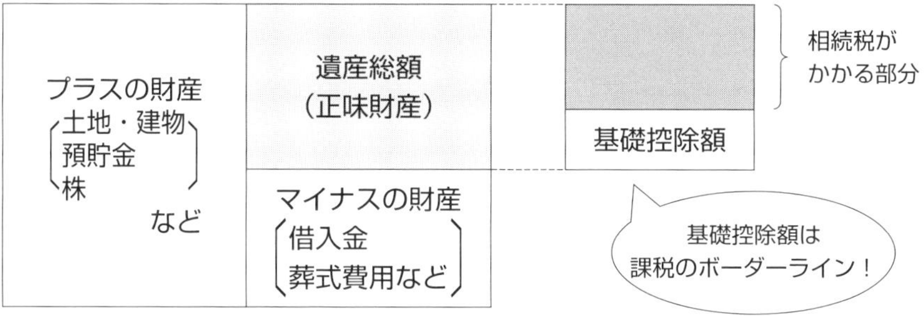

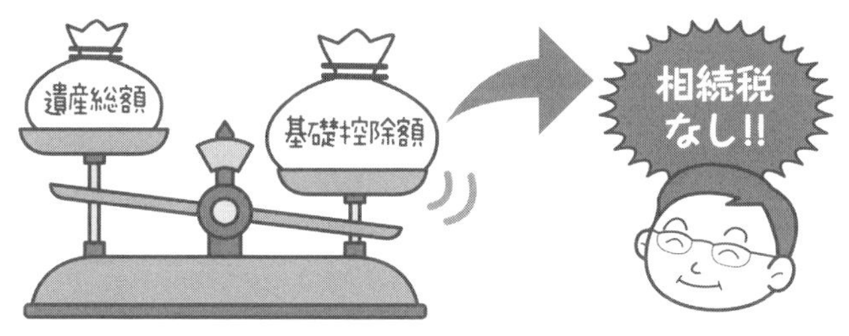

3　相続人の数で決まる基礎控除額

相続税の課税のボーダーラインとなる基礎控除額は、次の算式により計算した金額です。

基礎控除額＝3,000万円＋600万円×法定相続人の数

相続人の数	1人	2人	3人	4人	5人
基礎控除額	3,600万円	4,200万円	4,800万円	5,400万円	6,000万円

ここでいう「法定相続人の数」とは、相続する権利がある人の数をいい、その順番は民法で定められています（**2－1** 参照）。この数は実際に財産を相続したかどうかや、相続そのものを放棄したかに関係なく、あくまで権利がある人の数になります。なお、養子縁組をした場合の法定相続人の数については **4－19**を参照してください。

正味の遺産総額が基礎控除額を超えなければ相続税が課税されないということは、相続税を計算する上でとても重要なポイントですので、ここでしっかり押さえておきましょう。

なお、基礎控除額を超えても、配偶者の税額の軽減や未成年者・障害者控除によって相続税が課税されない場合もあります（**3－9** 参照）。

国税庁は、基礎控除額を超え、かつ、相続税を納めた人の数や割合を毎年発表しています。2020年12月に発表された「2019年分相続税の申告事績の概要」によると、2019年中に亡くなられた方は約138万人、このうち相続税の申告書を提出して税金を納めた割合は8.3%（11万5,000人）とのことです。

◎ **相続税の申告事績**

	2018年	2019年
死亡者数（①）	136.2万人	138.1万人
申告・納税数（②）	116,341人	115,267人
課税割合（②／①）	8.5%	8.3%

4 相続税の納税義務者～相続税を納めるのは誰？

では、相続税を納める人は誰でしょうか。被相続人から財産を相続した相続人が、それぞれ相続税を納めるのは容易に想像がつきますが、他にも相続税を納めなければならない人がいます。

その１つは、遺言によって財産をもらった相続人以外の人です。これを受遺者といいます。

もう１つは、死因贈与により財産をもらった人です。死因贈与とは、例えば「私が死んだら現金1,000万円を孫に贈与する」というように人の死をきっかけとして行われる贈与をいいます。死因贈与は贈与税ではなく、相続税の対象になるのです。

5 相続税の計算方法～４つのステップで計算

相続税は、被相続人の遺産総額に一定の税率をかけて求めますが、その計算方法は複雑です。特に土地や株式などの１つ１つの財産の価額計算や、各人ごとの税額計算は難しいので、実際の相続税の申告の際には、税理士に依頼することがほとんどでしょう。

しかし、相続税についての最低限の知識として大まかな計算方法を知っておくことは、今後の相続税対策などを進める上で大いに役に立つことと思います。次の４つのステップや、**3−10**の中の「相続税簡単計算シート」を参考に理解してください。

◎ 4つのステップで理解する相続税の計算の流れ

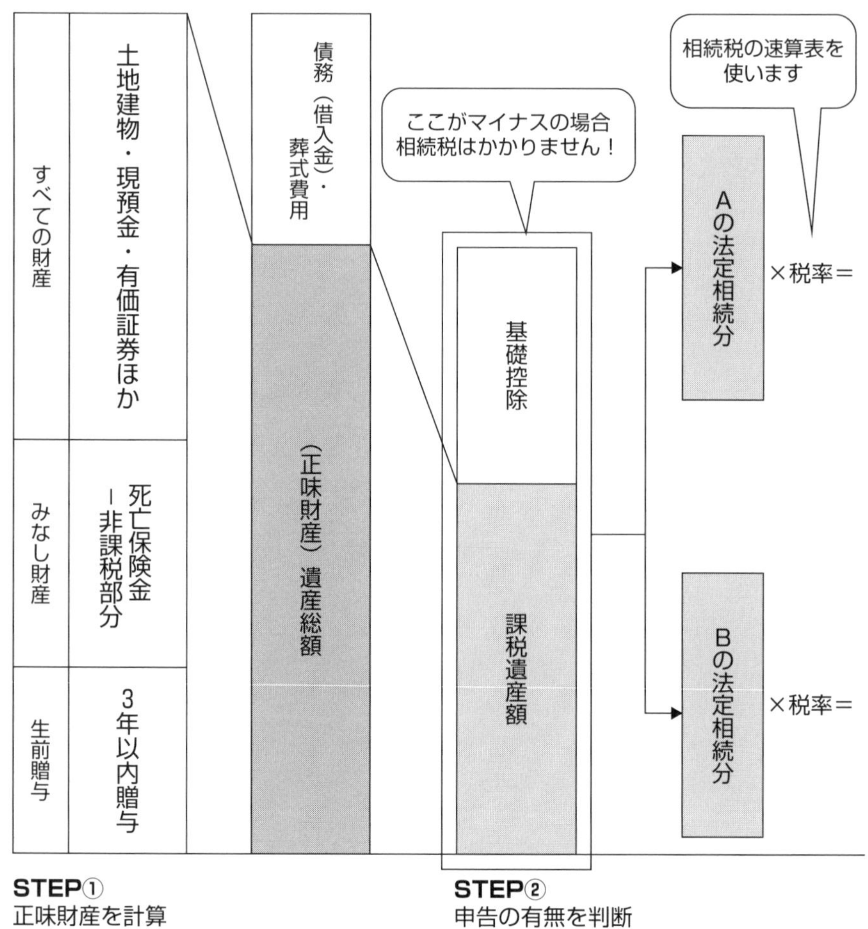

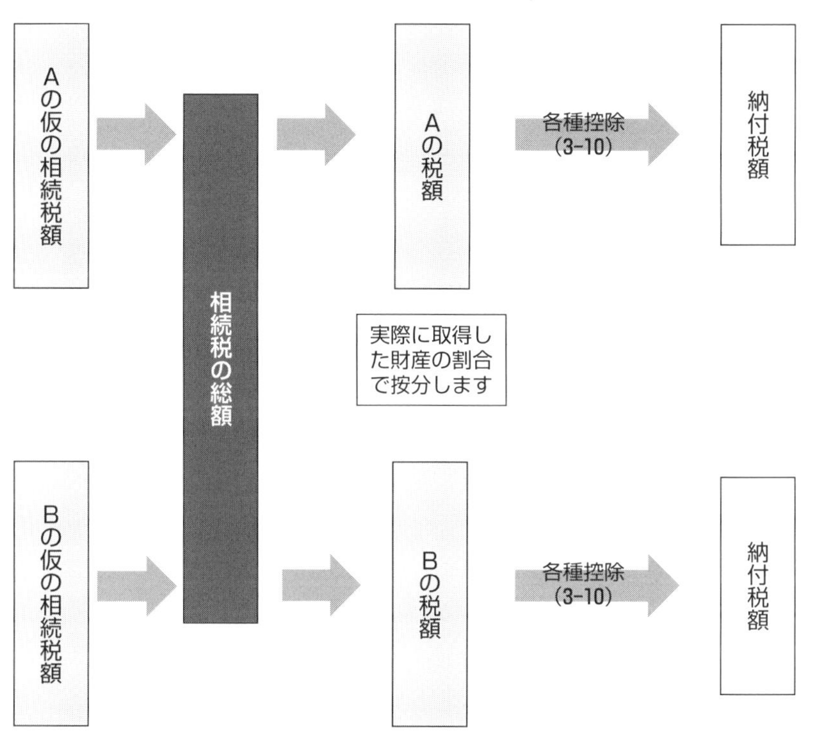

STEP③
相続税の総額を計算

STEP④
各人の納税額を計算

3－2 相続税がかかる財産

1 相続できる財産とできない財産

税理士として個人事務所を開業していた父親が亡くなった場合、その息子さんは顧問先を引き継いで税理士業を続けることができるでしょうか？

息子さん自身が税理士の資格を持っていれば大丈夫ですが、資格がない場合は廃業し、他の税理士に顧問先を引き継いでもらわなくてはなりません。

相続で引き継ぐことができるのは、原則として換金性のある財産に限られていますので、税理士のように一身上の資格や許認可、免許、社会的な身分や地位といった被相続人固有の権利や義務は相続できないのです。

2 相続税がかかる財産

被相続人から相続した財産には相続税が課税されますが、この相続税がかかる財産を整理すると、次の４つに分類されます。

⑴ 本来の相続財産

本来の相続財産とは、現金や預貯金、土地や建物といった不動産、株式などの有価証券、家財や自家用車、さらには金銭に見積もることができる権利などのうち、相続によって被相続人から直接引き継いだ財産をいいます。

本来の相続財産は、内容的にも身近なものが多く、遺産分割協議書にもすべて記載されますので、直感的に理解しやすいと思います。

⑵ みなし相続財産

被相続人の死亡によって支払いが確定するものに、被相続人が生前に勤めていた会社から支払われる死亡退職金や、被相続人を被保険者とする死亡保険金があります。これらは本来の相続財産になりそうな気がしますが、死亡退職金は被相続人が勤めていた会社から、死亡保険金は生命保険会社からそれぞれ受け取るものであり、被相続人から直接相続するわけではないことから本来の相続財産ではありません。しかし、実質的には、被相続人から相続で財産をもらったということと何ら変わりがないことから、相続財産とみなして、相続税を課税することにしているのです。

ただし、相続人が死亡退職金や死亡保険金を取得しても、非課税枠（**3－3**参照）が設けられていますので、こちらは差し引くことができます。

(3) 生前贈与財産

相続開始前３年以内に被相続人から贈与を受けた財産については、相続財産に加算されます（生前贈与加算）。

◎ **生前贈与加算のイメージ**

例えば、上記のイメージ図のように毎年100万円の贈与を５年にわたって続け、計500万円の贈与を行っていた場合には、相続開始前３年以内の300万円については、相続財産に加算されることとなります。

すでに贈与をした財産なので、被相続人の遺産ではないと思いがちですが、相続税を意識した相続開始直前の駆け込み贈与を防ぐ目的から、この制度が設けられています。また、この生前贈与の加算は、贈与金額が贈与税の基礎控除額（110万円）を超えるかどうかや、贈与税の申告・納税をしているかに関係なく、財産を相続した相続人の相続財産にそれぞれ加算することになります。

これに対して、次の規定を適用した贈与は、この加算の対象になりません。

◎ **生前贈与加算の適用を受けない贈与**

- ・贈与税の配偶者控除（**4－11**参照）
- ・住宅取得等資金の贈与（**4－12**参照）
- ・教育資金の一括贈与（一定の要件を満たす場合）（**4－13**参照）

以前は、教育資金の一括贈与は生前贈与加算の対象になりませんでしたが、改正により、原則として相続財産に加算され、一定の要件を満たす場合にのみ加算対象から除外される取り扱いになりました。一方、「結婚・子育て資金の一括贈与（**4－14**参照）」による贈与については、贈与者が死亡した時の資金残額が常に相続財産に加算されますのでご注意ください。

さらには、この相続財産への加算は相続または遺贈により財産を取得した者が対象者となるため、孫や子供の配偶者など相続人にならない者には適用されません。したがって、これら対象外となる者に積極的に贈与を行うことは有効な相続対策の１つといえます。

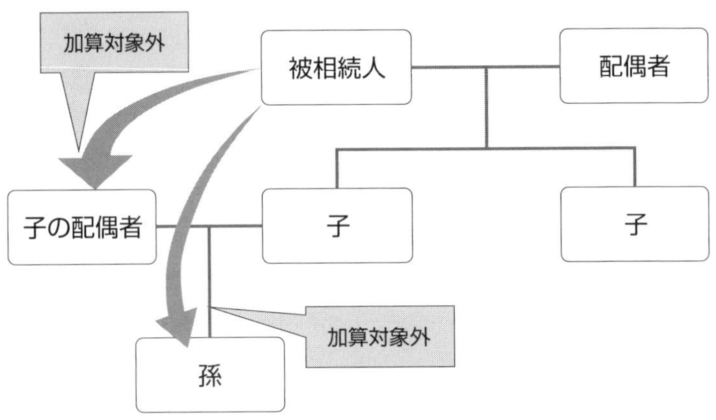

(4)　相続時精算課税適用財産

相続時精算課税とは文字どおり「相続の時に精算すること」を前提に行う贈与税の特例です。したがって、この制度を適用して被相続人から財産の贈与を受けた場合には、相続開始の際、その贈与財産の価額（贈与時の価額になります）を相続に取り込んで相続税が課税されます（**4－10**参照）。

◎ 相続税がかかる財産

	財産の種類	財産の内容
本来の相続財産	土地・建物	・宅地、田畑、山林 ・家屋、構築物　など
	土地の上に存する権利	・永小作権 ・借地権 ・定期借地権　など
	現金 預貯金	・現金 ・預金、貯金 ・未収の預金利息　など
	有価証券	・公社債 ・証券投資信託 ・株式（上場株式・非上場株式）、出資など
	事業用財産	・売掛金 ・商品 ・機械装置　など
	家庭用財産	・家財 ・自家用車 ・貴金属、書画骨董、ゴルフ会員権　など
	無体財産権	・工業所有権（特許権、商標権など） ・著作権、出版権 ・営業権、漁業権　など
相続税特有のもの	みなし相続財産	・被相続人に係る死亡退職金 ・被相続人に係る死亡保険金　など
	生前贈与財産	・相続開始前３年以内の相続人に対する贈与財産
	相続時精算課税適用財産	・相続時精算課税制度を利用して贈与した財産

意外な相続財産

中小企業では、資金繰り等の理由で経営者個人から借り入れをしているケースが少なくありません。これは経営者個人の側から見れば会社に対する貸付金ですから、れっきとした相続財産になります。しかし、長期間返済がなされていなかったりしますと、その存在自体を失念しがちですので、注意しておきたいところです。

また、将来返還金が生じる契約などにも注意しておきましょう。例えば、満期保険金が支払われる長期損害保険契約の解約返戻金相当額や、有料老人ホームの入所契約で退去時に返還される保証金なども相続財産となります（**3－7** 参照）。

3－3 相続税がかからない財産

1 相続税がかからない財産

相続税は、原則として亡くなった人のすべての財産に対して課税されますが、財産の中には、その性質や国民感情、社会的政策などの理由から相続税を課税するのが適当でないものもあります。

(1) 墓地・仏壇等

墓地や仏壇・仏具には相続税はかかりません。しかし、仏壇・仏具であれば何でもよいというわけではなく、「純金製の仏具を使った相続税対策」などは、その人の生活水準に照らしてあまりにも不相応な場合には認められないでしょう。また、相続開始後にお墓や仏壇を購入しても、相続財産から控除されませんので注意してください。

(2) 生命保険金・死亡退職金の一部

生命保険金と死亡退職金について、相続財産とみなされて相続税がかかるのは **3－2** で説明したとおりですが、相続人の生活保障の観点から次の算式で計算した金額まではそれぞれ非課税とされています。

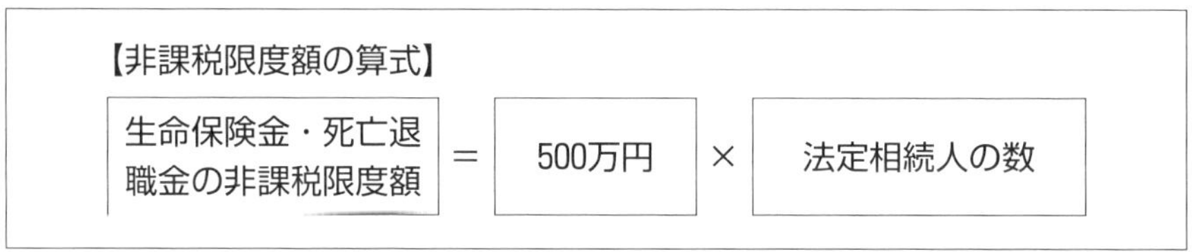

例えば、相続人が妻と長男、長女の３人で、受け取った生命保険金の合計額が6,000万円の場合には、1,500万円までが非課税とされますので、4,500万円が課税対象額となります。（次ページの具体的計算を参照）

(3) 国等への寄付金

相続または遺贈により取得した財産を、国や地方公共団体などに寄付した場合にも、その寄付した財産は非課税財産となります。

◎ **具体的計算（受取金額：妻4,000万円、長男2,000万円の場合）**

① 非課税限度額の計算
500万円×３人（法定相続人の数）＝1,500万円（Ⓐ）

② 相続人ごとの具体的な非課税金額の計算

妻　1,500万円（Ⓐ）$\times\frac{4,000万円}{6,000万円}$＝1,000万円

長男　1,500万円（Ⓐ）$\times\frac{2,000万円}{6,000万円}$＝　500万円

③ 相続人ごとの課税対象となる生命保険金
妻　4,000万円－1,000万円＝3,000万円
長男　2,000万円－　500万円＝1,500万円

⑷ 公益事業用の財産

宗教や学術などの公益事業を行う者が、その公益事業のために相続する財産は、非課税とされています。

◎ **相続税がかからない財産**

墓所、霊びょう等	お墓、仏壇、仏具
生命保険金	500万円×法定相続人の数
死亡退職金	500万円×法定相続人の数
弔慰金	業務上の死亡・・・月額給与の３年分 その他の死亡・・・月額給与の６か月分
国や地方公共団体、特定の公益法人への寄付金	相続、遺贈により取得した財産を申告期限までに寄付
公益事業用財産	公益事業を行う者が相続する一定の財産
心身障害者共済制度に基づく給付金受給権	心身障害者共済制度に基づく給付金受給権

2　非課税財産を活用した相続税対策

このような非課税財産を活用して、相続税対策を行うことができます。例えば、生前にお墓を購入しておいたり、生命保険に加入しておけば、手許の現預金を非課税財産に変えることができるというわけです。

なお、非課税財産を購入した際の証拠資料として、請求書や領収書はしっかり保存しておきましょう。

3－4 財産はこうして評価する

1 財産評価の基本は「相続開始時の時価」

財産の価値を定めることを「評価」といいますが、相続税額を計算する場合、一定のルールに従って、相続財産を評価していきます。これを「財産評価」といい、相続における財産評価額を「相続税評価額」といいます。

相続税評価額は、被相続人が亡くなった時の時価によることとされています。そのため、相続税の申告期限までに時価の変動があったとしても、そのことは考慮しません。

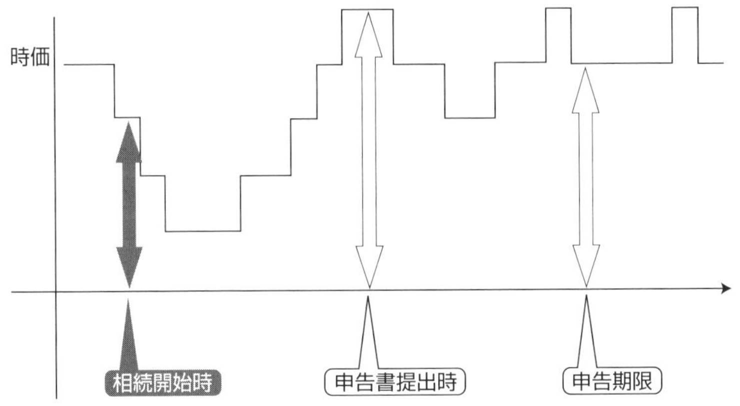

具体的な評価方法は、以下のように相続財産の種類ごとに定められており、この相続税評価額に対して相続税が課税されることになります。

◎ 相続財産の評価方法

財産の種類	評価方法
上場株式	亡くなった日の時価や亡くなった月の時価平均などのうち、最も低い金額で評価されます。
非上場株式	①　類似業種比準方式 同業種の上場株式の評価を基に評価する方法 ②　純資産価額方式 会社の純資産価額を基に評価する方法 上記のいずれの方法を適用するかは会社の規模等で異なる上、複雑な計算が必要ですので専門家に相談されることをお勧めします。
ゴルフ会員権	相続開始時の取引相場（時価）の70%程度
現金・預金	①　定期預金 相続開始時の預金残高に利息（源泉所得税控除後）を加算した金額 ②　定期預金以外 相続開始時の残高
自動車	売却した場合の価額
書画・骨董品	売買の実例や専門家等の意見価格などを参考にして評価
宅地	①　路線価方式 国税局が発表する㎡あたりの路線価に地積を乗じて算出する方法（土地の形が特殊な場合には、一定の方式により増減されます。） ②　倍率方式 路線価が定められていない土地については、固定資産税評価額に、地域ごとに決められている一定倍率を乗じて算出する方法
貸している宅地	自分で使っている場合よりも、借地権割合（概ね50%から70%）分だけ評価額が減額されます。
建物	固定資産税評価額
貸付用の建物	自分で使っている場合よりも、借家権割合（30%）分だけ評価額が減額されます。

2　財産の種類や利用状況による評価の違い

定期預金１億円を保有している場合、これを解約して土地を購入すると、およそ8,000万円程度の相続税評価額になります。また、空き地を既に保有している場合は、これを第三者に貸し付けると、借地権割合分だけ相続税評価額が減額されます。

このように、同じ価値の財産であっても、その財産の「種類」や「利用状況」によって、相続税評価額が大きく変わるというわけです。相続税対策としてよく話題になる賃貸不動産の建設（**4－20**参照）は、こうした評価方法の違いに着目したものといえます。

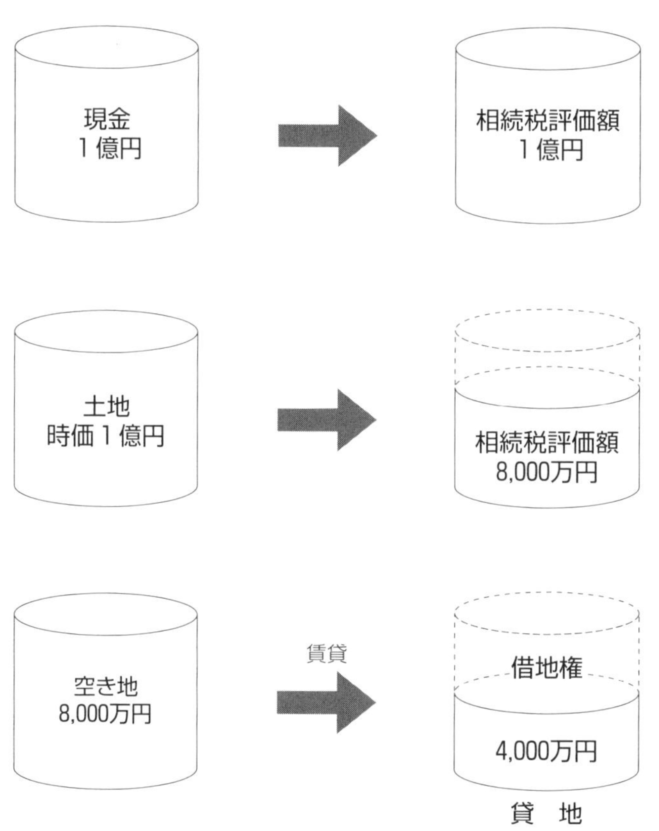

3－5 土地や建物の評価方法を知る

1 土地の評価は地目ごと、利用状況ごとに評価

土地には、宅地や田畑、山林など様々な種類（地目）が存在しますが、相続税の世界では、次の9つに区分してその地目ごとに評価することになっています。

①	②	③	④	⑤	⑥	⑦	⑧	⑨
宅地	田	畑	山林	原野	牧場	池沼	鉱泉地	雑種地

例えば、自宅と畑が隣接している場合には、一体で評価するのではなく、自宅（宅地）と畑に区分し、地目ごとに評価します。また、地目が同じでも利用状況が異なれば別々に評価します。例えば、自宅と賃貸アパートが隣接している場合には、地目はどちらも宅地ですが、自分で使用している土地（自用地）と貸家として使用している土地（貸家建付地）は別々に評価することになります。

つまり、土地を評価するにあたっては、利用状況に照らして1つのまとまり（1画地）ごとに区分する必要があるというわけです。これは、登記上の筆界と一致するわけではなく、下図のように2筆以上の宅地からなる場合もあれば、1筆の宅地が2以上の宅地として利用されている場合もありますので注意が必要です。

◎ 宅地の評価単位

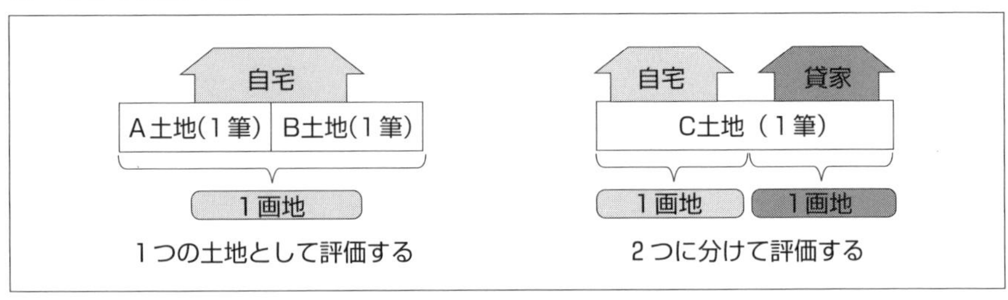

2　基本的な土地の評価方式は２パターンのみ

⑴　倍率方式による評価

郊外地のように路線価が付されていない土地については、固定資産税評価額に一定の倍率を乗じた金額によって評価します。

⑵　路線価方式による評価

道路網が整備された市街地には路線価が付されており、この路線価に土地の面積を乗じて計算した金額によって評価します。

この路線価や倍率はいずれも国税庁のホームページで過去７年分を閲覧することができ、毎年７月に公表されています。

なお、路線価は売買時価（公示価格）のおよそ８割程度の評価額となるように設定されています。

3　土地の形状に応じた補正

国税庁が公表する路線価は、道路に面するきれいな形をした宅地の１㎡あたりの評価額を示しています。しかし、実際には形の悪い土地も少なくないため、同じ路線価に接する同じ面積の土地であっても、その土地の形状によって使い勝手が異なるものと考えられます。

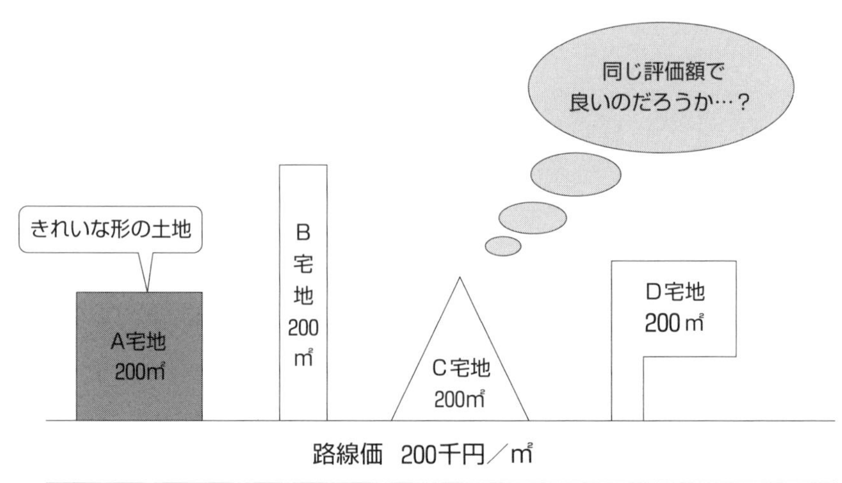

そこで、土地の形状や使い勝手に応じた補正をすることになります。例えば、角地に面した土地や、表も裏も道路に接している土地は、より使い勝手がよくなりますので、増額の補正をすることになります。一方、間口が狭い土地や奥行きが深い土地、または形状そのものが歪な土地では、減額の補正をすることができるというわけです。

◎ 土地の形状の応じた主な補正率

区分	補正されるケース	補正率
奥行価格補正率	宅地の奥行距離に応じた調整	0.80～1.00(－)
側方路線影響加算率	いわゆる角地	0.01～0.10(＋)
二方路線影響加算率	正面と裏面とで路線に接している場合	0.02～0.07(＋)
間口狭小補正率	間口が狭小な場合	0.80～1.00(－)
不整形地補正率	三角地や奥行距離が一定でないなど特殊な形状の場合	0.60～1.00(－)
規模格差補正率	三大都市圏で500㎡以上、三大都市圏以外で1,000㎡以上の宅地のうち一定の要件を満たす場合	0.64～0.80(－)

◎ 路線価を基とした評価額の計算例

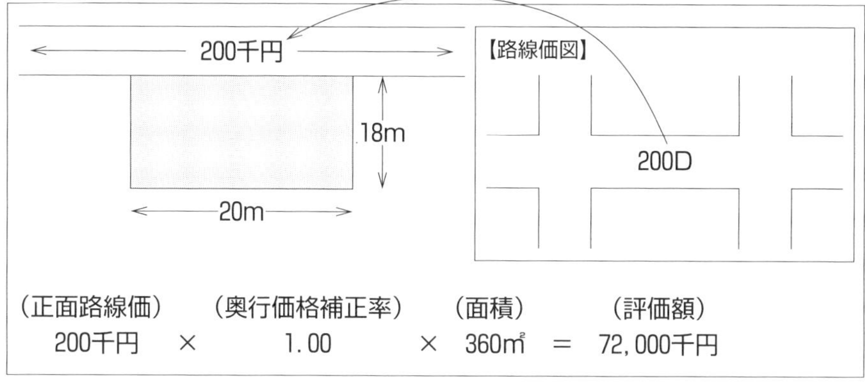

（正面路線価）　（奥行価格補正率）　（面積）　（評価額）
200千円 × 1.00 × 360㎡ ＝ 72,000千円

4 不動産鑑定による評価

路線価による評価方法には、土地の形状に応じて減額または増額をするための各種の補正率が定められていますが、騒音や振動、特殊な土地の形状といった個別事情を反映しきれないことがあり、その結果、実際の時価よりも高い評価額となって、相続税が過払いになる可能性があります。

そこで、このようなケースでは、不動産の「適正な時価」を判断できる唯一の専門家である不動産鑑定士による鑑定評価を用いることを検討してみましょう。

路線価による評価に代えて、土地の個別事情を十分に反映した不動産鑑定評価額を時価として申告することも可能なことから、この鑑定評価額による申告で大幅な節税につながるケースも少なくありません。

5 建物の評価

土地に比べて建物の評価は非常に簡単で、１棟の家屋ごとにその固定資産税評価額がそのまま相続税評価額となります。

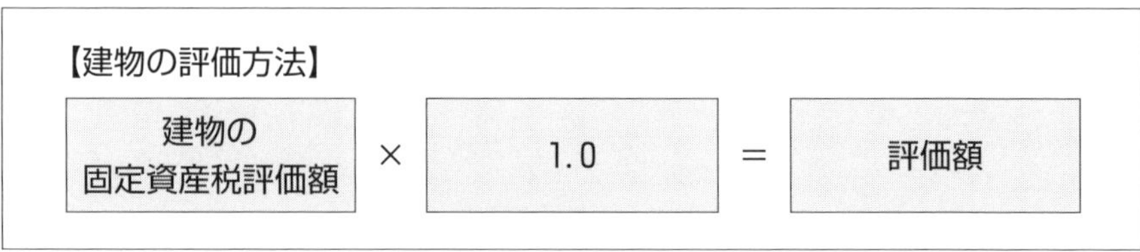

6 貸し付けている不動産の評価

(1) 土地

自分で使用している自用地と、他人に貸している貸宅地では、土地利用の自由度が大きく異なります。そのため、他人に貸している宅地は、次の2通りに区分して、自用地とは異なる評価を行います。

貸　宅　地：	他人が所有している建物が建っている宅地
貸家建付地：	自己が所有している建物が建っており、その建物を他人に貸している宅地

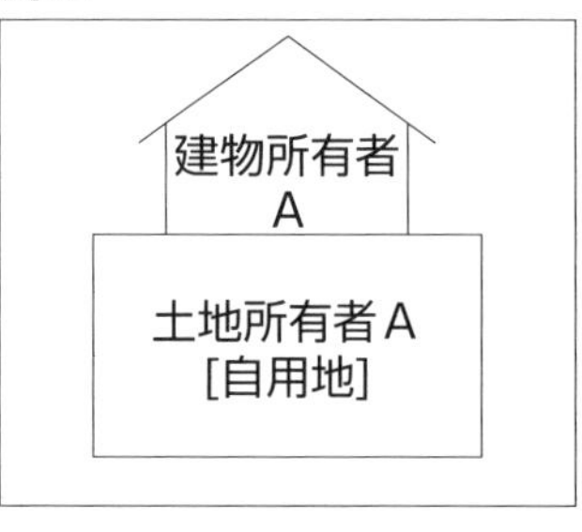

②貸宅地

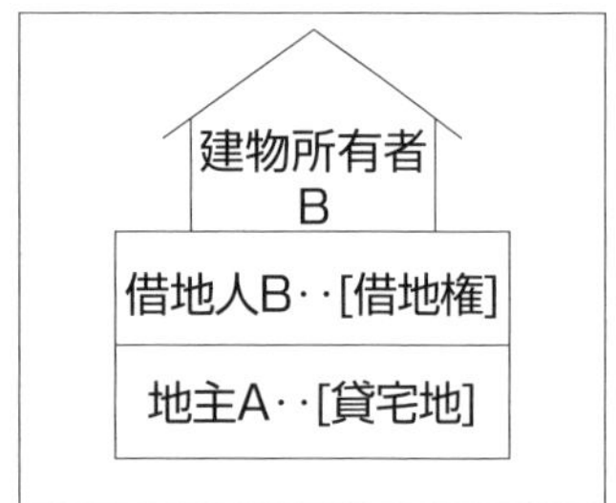

③貸家建付地

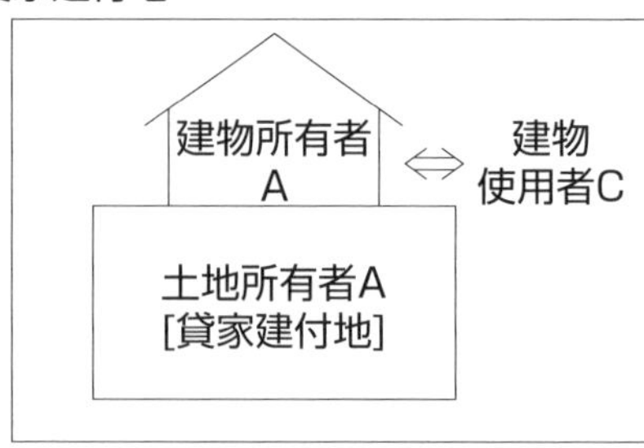

それぞれ評価方法は下記のとおりとなります。

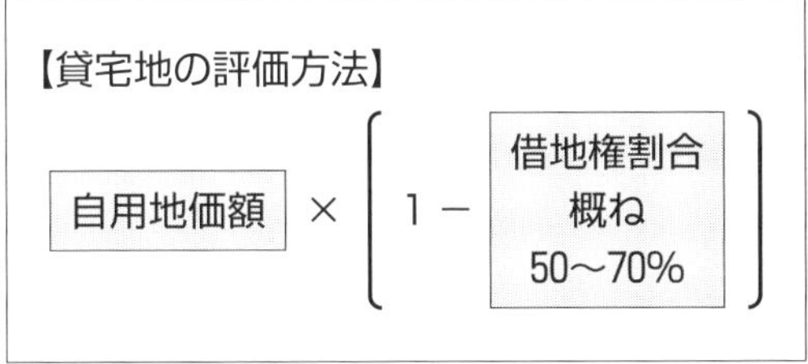

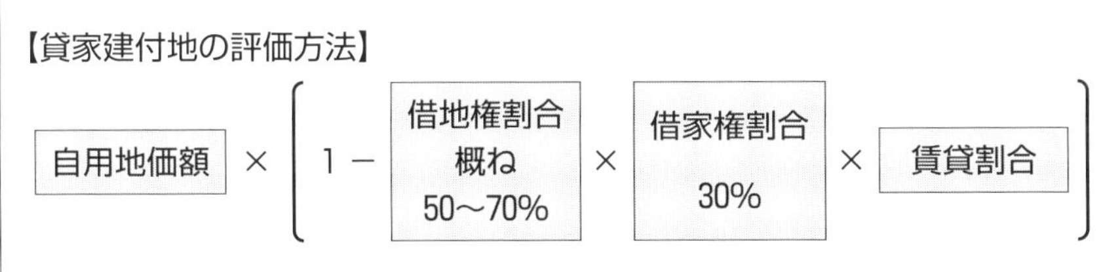

(2) **建物**

一方、建物については、新築した金額の約60％程度が固定資産税評価額となり、さらに貸家の場合、この固定資産税評価額から借家権割合として30％が減額されます。つまり、新築した金額が1億円であれば、貸家の相続税評価額は4,200万円程度になります。

【貸家の評価】

建物価額 × ［1 － 借家権割合 30％ × 賃貸割合］

計算式

1億円×60％（固定資産税評価額）×（1－30％）＝ 4,200万円（相続税評価額）

3－6 居住用や事業用宅地の評価減額特例

1 小規模宅地等の特例

相続財産が都心の一等地にある50坪の自宅のみで、現預金はそれほどなかったとします。この自宅が坪単価300万円であったとしますと、相続税評価額はそれだけで1億5,000万円となり、相続税を支払うためには自宅を手放すことも考えなければなりません。

一方、長年立地条件に恵まれた場所で商店を営んでいた事業主に相続が発生した場合、その商店の敷地である100坪の土地が坪単価200万円もすれば、相続税評価額はその土地だけで2億円にもなります。これでは相続税を支払うために廃業して店舗を売却するという選択しかなくなります。

そこで、マイホームであれば相続人が引き続き居住できるように、また店舗であれば事業が継続できるようにという配慮から、自宅や事業を営んでいる宅地については相続税評価額を減額する特例が設けられており、この特例を小規模宅地等の特例といいます。

小規模宅地等の種類は、相続する土地によって次の3つがあります。

◎ 小規模宅地等の特例の種類

小規模宅地等の種類	土地の種類	減額割合	限度面積
特定居住用宅地等	マイホームの土地	80%	330㎡
特定事業用宅地等	事業の敷地としていた土地	80%	400㎡
貸付事業用宅地等	アパートや駐車場の土地	50%	200㎡

2 マイホームの敷地は80%減額される

マイホームの敷地にかかる小規模宅地等の特例は、被相続人等が住んでいた土地で次の条件を満たした場合、その敷地のうち330㎡までの部分について評価額が80%減額されることになります。

◎ 特定居住用宅地の要件

区分	取得者	要　件
被相続人のマイホームの敷地	配偶者	特になし
	同居親族	申告期限まで保有＋居住継続
	同居していない親族	①配偶者や同居親族なし ②相続開始前３年以内に次の人が所有する家屋に住んでいない ・自己または配偶者 ・３親等内の親族 ・特別の関係のある法人 ③相続開始時の住居を過去に所有したことがない ④申告期限まで保有継続
同一生計親族のマイホームの敷地	配偶者	特になし
	同一生計親族	申告期限まで保有＋居住継続

3　マイホーム敷地のポイント

⑴　自宅介護か老人ホームか…

被相続人の自宅の敷地かどうかは、相続開始時に生活拠点がどこにあったかで判断されます。自宅が複数ある場合にも主として居住していた１つの宅地に限られます。

では、病院に長期入院していた場合や老人ホームに入居していた場合の生活拠点はどこかということになりますが、治療や介護のためにやむを得ず自宅を離れている場合には、生活の拠点は元の自宅にあると考え、特定居住用宅地の特例の要件を満たすことになります。老人ホームの場合にも、①相続開始時に要介護状態であること、②元の自宅が賃貸されていないこと（被相続人が老人ホームに入った後、親族が居住した場合を除く）を条件に特例の対象とされることになりました。

⑵　隣地に家を建てるか二世帯住宅か

同じ敷地内であっても、被相続人の自宅の隣に別棟の家を建てて子供世帯が住んでいる場合には、原則として別生計親族と判断され、被相続人所有の宅地について特例の適用を受けることはできません。

ただし、一棟の建物であれば内部が完全分離の二世帯住宅であっても同居とみなされ、敷地全体が特例の対象となります（区分所有建物を除きます）。

◎ 同居親族のイメージ図

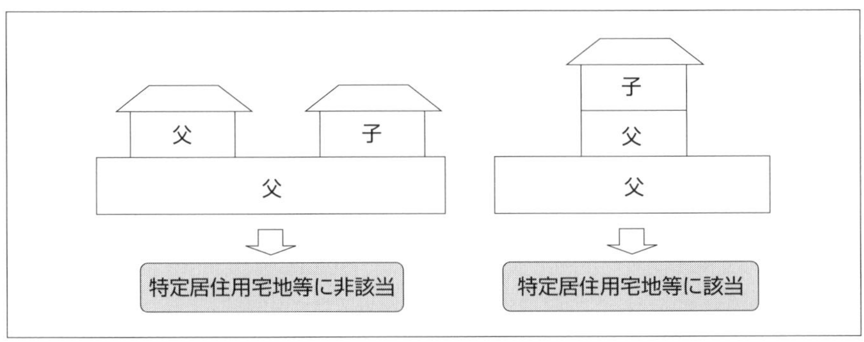

(3) 一人暮らしの場合には賃貸もあり？

別居している相続人は、同居して相続することにより特定居住用宅地の減額を受けることができますが、現実の生活からは同居が困難な場合もあります。離れた親が一人暮らしの場合には、相続人の自宅を賃貸にして持ち家なしのいわゆる「家なき子」の状況にし、特定居住用宅地の要件を満たすという方法も考えられます。

4 事業をしていた敷地は80%減額される

被相続人が事業を行っていた土地で一定の条件を満たしたものについては、特定事業用宅地等として、その敷地のうち400㎡までの部分について評価額が80%減額されます。

この特例は、相続開始時に被相続人または同一生計親族の事業用土地である必要があり、また、この対象となる土地を相続した相続人は事業を継続することが要件とされます。相続に際しての事業承継を円滑に進めるための特例ともいえます。

5　賃貸マンションや駐車場の敷地は50%減額される

賃貸マンションや駐車場のように不動産の貸付に使われている土地は、貸付事業用宅地として、その敷地のうち200㎡までの部分につき評価額が50%減額されます。

なお、不動産の貸付事業をしていない人が、相続開始前3年以内に新たに貸付事業を始めた場合は、その土地にはこの減額は適用されません。

また、貸家建付地の評価（**3－5**）にあたって「賃貸割合」が評価額に与える影響を説明しましたが、この「賃貸割合」は評価額だけでなく小規模宅地の特例にも影響を与えます。つまり、原則として空室部分については、この特例の適用はありません。

6　特例適用可能な土地が複数ある場合

相続財産のうちに小規模宅地等の特例の対象となる土地が複数ある場合には、次の算式で計算した面積の合計が200㎡以下になるように調整する必要があります。

【計算式】

$$\boxed{\text{特定事業用宅地等の面積の合計}} \times \frac{200}{400} + \boxed{\text{特定居住用宅地等の面積の合計}} \times \frac{200}{330} + \boxed{\text{貸付事業用宅地等の面積の合計}} \leqq 200\text{㎡}$$

ただし、特例対象宅地が特定居住用宅地と特定事業用宅地のみの場合には、それぞれの限度面積（330㎡＋400㎡＝730㎡）まで適用が可能となり、調整計算は不要です。

実際には、この算式にあてはめて計算した上で評価額の減額が最大となる組み合わせを選択する工夫が必要となります。

誰がどの財産を相続するかによって相続税額にも大きく影響しますので、このあたりの詳細については専門家の知恵を活用されることをお勧めします。

3－7 名義預金など意外な相続財産に要注意

1 税務調査での指摘が多い「名義預金」

相続税の対象となる財産は、基本的には被相続人名義の財産です。しかし、配偶者や子供・孫などの名義で預金されていても、それが形式的なものであって、実質的には被相続人のものであると判断されるものは相続財産として申告する必要があります。これを名義預金といい、申告もれになりやすい財産の１つです。

よく相続対策やペイオフ対策などで家族の名義を借りて預金口座を増やす場合がありますが、その行為が贈与でない限り、税務調査で名義預金とされる可能性が高いといえます。

なお、この名義預金の考え方は、保険商品や有価証券などについても同じ取扱いとなります。

2 名義預金とされないために

名義預金の判定に際してのポイントは、その原資が被相続人から贈与されたものであるかどうかということです。贈与ではないと判断される場合には、被相続人の相続財産とみなされます。

贈与というのは贈与する人の「あげます」という意思表示と受ける人の「もらいます」という意思表示によって初めて成立しますので、一方からだけの意思表示では認められないのです。

税務調査で確認されることの多い名義預金の判定基準を次ページにまとめてみましたので、一度チェックしてみてください。

① 名義人に相応の収入があるかどうか？
名義人に相応の収入があれば、それなりの貯蓄があっても問題ありませんが、収入のない名義人に多額の預金残高があれば、その資金源泉はどこにあるのかといった問題が生じます。
② 贈与をした客観的な事実があるか？
名義人に相応の収入がなくても、贈与により財産を移転していれば、その預金は名義人の財産となります。そのためには、証拠として贈与契約書（確定日付のあるものが望ましい）や贈与税の申告書の控えなどがあれば、贈与の事実を客観的に証明できます。
③ 口座開設の印鑑は別のものか？
家族名義の預金の印鑑のすべてが同一印鑑であり、しかも、それを被相続人が自らの預金通帳に使用しているものと同一である場合には、名義預金と指摘される可能性が高くなります。
④ その通帳は誰が管理しているのか？
預金通帳や証書等を誰が管理していたかが名義預金の重要な判定材料となります。例えば、被相続人がすべて自分で管理しており、その名義人が、その通帳の存在自体を知らないという場合には、贈与があったはずもなく、単なる名義借りとみなされる可能性が高いでしょう。

名義預金とみなされないための効果的な贈与の方法を **4 –15**で解説していますので、参考にしてください。

3 「名義保険」にも要注意

名義保険とは、契約者は配偶者や子であっても、実際の保険料の負担者が被相続人であるようなケースをいいます。名義保険の場合、保険証券には保険料負担者の記載がないため、保険証券を見ただけでは名義保険かどうかの判断はできません。被相続人の通帳等から被相続人名義以外の保険契約にかかる保険料が引き落とされているような場合に、名義保険とみなされる可能性があります。

名義保険と判断された場合には、相続開始日における解約返戻金（仮に解約するとした場合に返ってくる金額）相当額を、相続財産として申告することになります。

◎ **名義保険の一例**

契約者	妻
被保険者	妻
受取人	子

⇦ 被相続人が保険料を負担

解約返戻金相当額が相続財産!!

4 その他の見落としがちな相続財産

① 手許現金

相続発生直前に葬式費用に充てるために預金からまとまった金額が出金されていることが多くあります。

② 家庭用財産

家具・家財を一切所有していないことは考えにくいため、一定額は相続財産として申告する必要があります。

③ 長期損害保険の解約返戻金相当額

長期の損害保険は保険料の前払部分がありますので、相続開始時における解約返戻金を相続財産に計上しておく必要があります。

④ 会社経営者が有する自社に対する貸付金

資金繰り等の理由により、経営者が会社に資金を貸し付けている場合が多くあります。長期間返済がないと意外と見落としがちですが、れっきとした相続財産です。

⑤ 個人事業主の場合の事業用資産

決算書に記載されている売掛金や商品・備品などの事業用資産は相続財産として申告する必要があります。

⑥ 有料老人ホームの入所保証金

入所時に一時金を支払い、死亡退去時に返還される金額がある場合には、その返還金額は相続財産となります。

3－8 故人の借入金や葬式費用は控除可能

1 借金があれば相続税が安くなるというのは本当か

相続税を計算する際に、被相続人が残した借入金などの債務は遺産総額から差し引くことができます。

◎ 控除の対象となる債務の例

① 金融機関からの借入金
② クレジットカードの未決済分
③ 病院や介護施設に対する未払金
④ 税金の未払い分

ところで、借金があれば相続税が安くなるというのは本当でしょうか。マイナスの財産は相続税の計算に際して控除できると聞くと借金を増やしたり、あるいは借金を減らさない方が、相続税の節税になると勘違いされている方がおられますが、単に借入れをするだけでは、残念ながら節税にはなりません。次の図のように相続税の対象となる財産は正味の財産となるからです。

◎ 2億円の財産がある人が1億円の借入れを行った場合

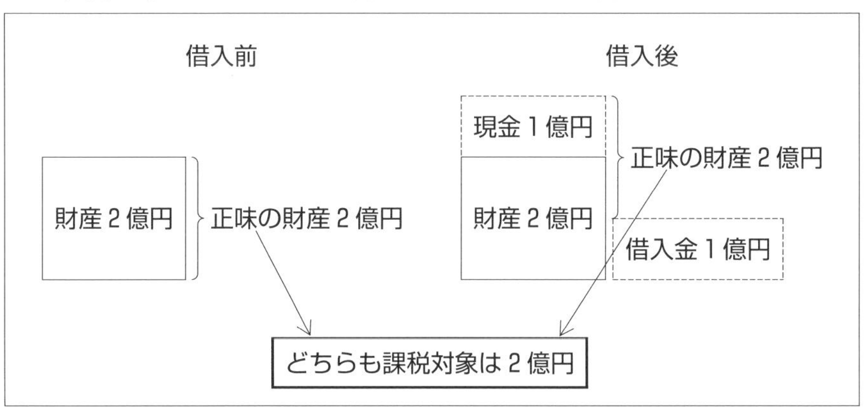

2 未払いの固定資産税や準確定申告の所得税なども債務控除の対象

債務には、被相続人が支払うべきであった税金で未払いのものも含まれますので、申告もれにならないよう注意してください。

例えば、固定資産税は、その年1月1日現在の所有者に対して課税される税金ですが、納税通知書は4月頃に届きますので、それが届く前に相続が発生した場合には、その全額が債務控除の対象となります。

また、相続人が行う準確定申告（被相続人にかかる所得税の申告）にかかる所得税についても債務控除の対象となります。さらに、未払いの消費税や事業税、住民税についても忘れないようにしましょう。

3 控除できる葬式費用

相続人が負担した以下の表のような葬式関係の費用についても遺産総額から差し引くことができます。

お布施などのように領収書がないものについては、それを証明する手段としてメモなどの記録を残しておくのがよいでしょう。また、遺体解剖費用、香典返戻費用、墓地買入費用、仏具代、初七日、四十九日などの法要費用は控除の対象となりませんので留意してください。

費用	具体的内容
お通夜、本葬費用	会場費用、飲食代、お手伝いの人へのお礼
寺院への支払い	寺院、僧侶に支払うお布施、読経料、戒名料
火葬、埋葬費用	火葬や埋葬、納骨をするためにかかった費用
遺体運搬費用	死体の捜索又は死体や遺骨の運搬にかかった費用

4　相続発生の直前に引き出した現金の取扱い

相続が発生する直前に葬式費用としてまとまったお金を引き出すことがありますが、引き出した現金についてはどのように取り扱われるのでしょうか。例えば、500万円の現金を引き出し、300万円の葬式費用を負担したような場合には、差額の現金200万円を相続財産とするのではなく、現金500万円を相続財産として計上した上で、300万円を葬式費用として申告することになります。

香典と会葬御礼費用

最近の葬儀では香典を辞退するケースが多くなってきました。香典返しのことを考えると面倒というのが理由のようです。

それはともかく、香典は相続税の課税対象外で贈与税も課税されません。したがって、香典返し（香典返戻費用）も控除可能な葬式費用には該当しないということでバランスをとっているわけです。

一方、会葬者に金品を施与した場合の会葬御礼費用については、被相続人の職業や財産の状況などに照らして相当程度であれば控除が可能です。

3－9 相続税が軽減される人と加算される人

1 相続人の状況に応じた税額控除制度

「相続があっても、配偶者には税金がかからないから大丈夫」とか「相続人はまだ未成年なので、今後のことを考えるとできるだけ多くの財産を残してあげないと…」などなど、相続の現場ではいろいろな話題を耳にします。相続財産の多寡はもちろん、被相続人の年齢や各相続人の状況など、相続はまさに千差万別です。

そこで、こうした様々な事情に対応するために、相続税の計算にあたっては、各種の税額控除が設けられています。

⑴ 配偶者の税額軽減（配偶者控除）

一般的に夫婦は同世代ですから、一方がご高齢で亡くなった場合、その配偶者も相応の年齢になっていることが多いようです（もちろん、例外も少なくありませんが…）。したがって、配偶者が相続税を負担して相続した財産に、短期間に改めて相続税が課税されることになると問題がないわけではありません。それに、被相続人の遺産は夫婦が協力して築き上げてきたものであると考えれば、配偶者による相続に対しては特別な配慮が必要ともいえます。これらのことを考慮して、配偶者に対しては次のような特例が設けられています。

◎ **軽減される金額**

配偶者が実際に取得した財産額が	｛1億6,000万円 配偶者の法定相続分｝	いずれか **多い** 金額までは相続税がかかりません！

◎ 配偶者控除額の計算方法

$$\text{配偶者控除額}=\text{相続税の総額}\times\frac{\text{①と②のいずれか少ない金額}}{\text{課税価格の合計}}$$

① 配偶者の法定相続分（法定相続分が１億6,000万円未満なら１億6,000万円）
② 配偶者の課税価格（配偶者が相続する財産）

◎ 配偶者控除が適用できない場合

① 正式な婚姻関係にない場合（いわゆる内縁の妻や愛人）
② 相続税の申告期限（10か月以内）までに相続財産が分割されていない場合
（注）相続税の申告期限後３年以内に分割されるなど一定の場合には、更正の請求書を提出することで適用を受けることができます。

⑵ 未成年者控除

被相続人が幼い子供を遺して亡くなった場合、その子供が自立するまでは、社会的にも様々な支援が必要となります。そこで、相続人が未成年者である場合には、成人に達するまでに必要となる養育費や教育費のことを考慮して、一定の金額をその未成年者の相続税額から控除することとされています。

◎ 控除が受けられる人

相続や遺贈で財産を取得したときに未成年である法定相続人

◎ 未成年者控除額の計算方法

未成年者控除額＝10万円×（20歳－相続時の年齢）
（注１）相続時の年齢は、１年未満の端数を切り捨てて計算します。
（注２）相続権のない未成年の孫への遺贈は法定相続人に該当しないので適用がありません。
（注３）控除額が未成年者本人の相続税額を超える場合は、超えた控除額分をその未成年者の扶養義務者の相続税額から控除することができます。
（注４）胎児については、生きて生まれた場合に200万円の未成年者控除が認められます。
（注５）2022年４月１日以後に発生する相続については、20歳から18歳に引き下げられます（第１章コラム参照）。

⑶ 障害者控除

相続人の中に障害者がいる場合、生活を支えていた親などが亡くなったことで本人の自立が困難となったり、また自立できたとしても十分な所得を得ることができないことがあります。そのため、障害者の生活保障の観点から、障害者の方が85歳未満の場合に一定の金額を相続税額から控除することとされています。

◎ **控除が受けられる人**

次の①と②のすべてに当てはまる人
① 相続や遺贈で財産を取得したときに障害者である法定相続人
② 相続や遺贈で財産を取得したときに日本国内に住所がある人

◎ **障害者控除額の計算方法**

障害者控除額＝10万円×（85歳－相続時の年齢）

（注１）相続時の年齢は、１年未満の端数を切り捨てて計算します。
（注２）特別障害者については、10万円が20万円となります。
（注３）控除額が障害者本人の相続税額を超える場合は、超えた控除額分をその障害者の扶養義務者の相続税額から控除することができます。
（注４）その障害者が今回の相続以前にも障害者控除を受けているときは、控除額が制限されることがあります。

⑷ 相次相続控除

相続が発生して相続税を支払った者が亡くなった場合には、同じ財産に対して、短期間のうちに繰り返し相続税がかかることがあります。そこで、納税負担が大きくなりすぎないように、10年以内に相次いで相続が発生した場合に限り、一度目の相続で負担した相続税額のうちの一定額を、二度目の相続での相続税額から控除する規定が設けられています。これを相次相続控除といいます。

2 二重課税を解消するための税額控除

⑴ 贈与税額控除

被相続人が亡くなる前の３年間に被相続人から贈与を受けた財産を相続税の課税財産に含めて計算すること（生前贈与加算）は**3－2**で説明したとおりですが、そのままですと支払い済みの贈与税と相続税との二重課税になってしまいますから、この支払い済みの贈与税を相続税から控除して調整することにしています。ただし、贈与が基礎控除額の範囲内に収まった場合などで贈与税を支払っていない場合には、二重課税に配慮する必要はありませんから、この規定の適用はありません。

また、相続時精算課税制度を利用したことによって課税された贈与税についても同様に相続税から控除して調整します。詳しくは **4 −10**を参照してください。

⑵　**外国税額控除**

海外に所在する財産を相続した場合、その財産についてその国の相続税が課されることがあります。このような場合でも日本の相続税が課税されますから、国際的な二重課税を排除する趣旨でその国で支払った税額を日本の相続税から控除することとしています。

3　相続税額が加算される人〜相続税額の2割加算〜

「いずれは孫に財産が引き継がれるのだから、子供を飛び越して孫に直接贈与すれば相続税が1回得になるはずでは…」

このように考える人は少なくないですし、遺言書に記載すれば、直接孫に財産を遺贈することもできます。しかし、相続税の計算上、相続や遺贈によって財産を取得した人が、次の①または②以外の人である場合には、その相続税額の2割に相当する金額を加算することとされていますので、留意する必要があります。

①	配偶者
②	一親等の血族（父母または子）

なお、上記②の子には、その被相続人の直系卑属がその被相続人の養子となっているもの（いわゆる孫養子）を含めないこととされています。

つまり、孫養子は2割加算の対象となります。ただし、孫養子が代襲相続人を兼ねる場合には上記②の子に含まれることになるため、2割加算の対象となりません。

4　税額の控除と加算の順序

税額の控除と加算には順序があります。詳しくは次の **3 −10**を参照してください。

3-10 わが家の相続税を計算してみよう

1 ざっくり計算！相続税簡単計算シート

3－1において、相続税の計算過程を簡単に解説しましたが、ここでは具体的に、計算シートを使ってみなさんの相続税額を計算してみたいと思います。

◎ 法定相続人の数と基礎控除額の計算

- 法定相続人の数 （　　　人）・・・Ⓐ
- 基礎控除額　3,000万円＋(600万円×Ⓐ)＝（　　　万円）・・・Ⓑ

(1) ステップ①～遺産の計算

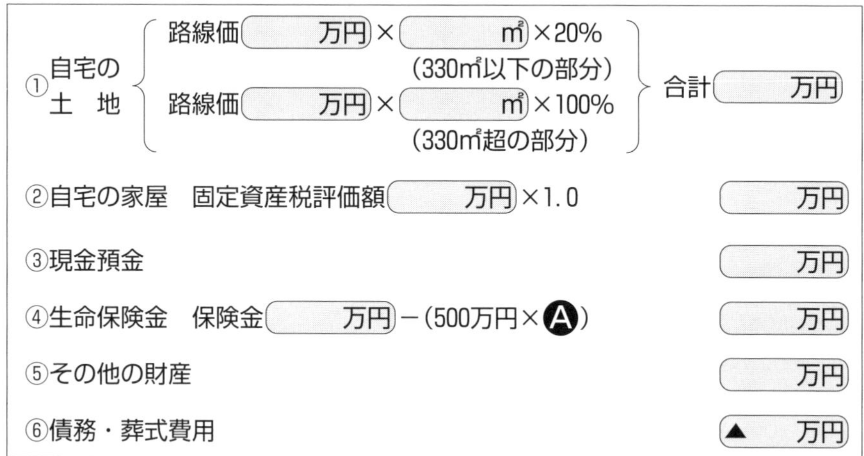

①自宅の土地
- 路線価（　　　万円）×（　　　㎡）×20%（330㎡以下の部分）
- 路線価（　　　万円）×（　　　㎡）×100%（330㎡超の部分）
- 合計（　　　万円）

②自宅の家屋　固定資産税評価額（　　　万円）×1.0　（　　　万円）

③現金預金　（　　　万円）

④生命保険金　保険金（　　　万円）－(500万円×Ⓐ)　（　　　万円）

⑤その他の財産　（　　　万円）

⑥債務・葬式費用　（▲　　　万円）

この計算シートでは、相続財産として自宅と預貯金、生命保険金などをお持ちの方を想定していますが、マンションなど賃貸物件を所有されている方は、**4－20**を参照してください。また、自宅の土地については**3－6**「小規模宅地等の評価減」を参照してください。

⑵ ステップ②～遺産総額の計算

◎ 各人が実際に取得した財産の価額（各人の課税価格）を計算します

【財産取得者】	【実際に取得した財産】（保険金の非課税金額控除後）		【債務・葬式費用】		【各人の課税価格】	
	万円	−	万円	＝	万円	①
	万円	−	万円	＝	万円	②
	万円	−	万円	＝	万円	③
	万円	−	万円	＝	万円	④
	万円	−	万円	＝	万円	⑤

★遺産総額★ → 合計　　万円 Ⓒ

各人の課税価格を合計して遺産総額を算出します。なお、各人の課税価格（①～⑤）がゼロを下回る場合には、ゼロとして計算しますので、注意してください。

⑶ ステップ③～相続税の総額の計算

◎ 相続税がかかるかどうかを判定します

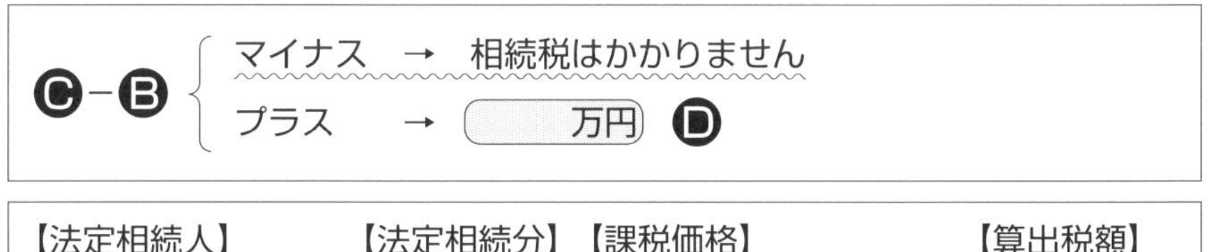

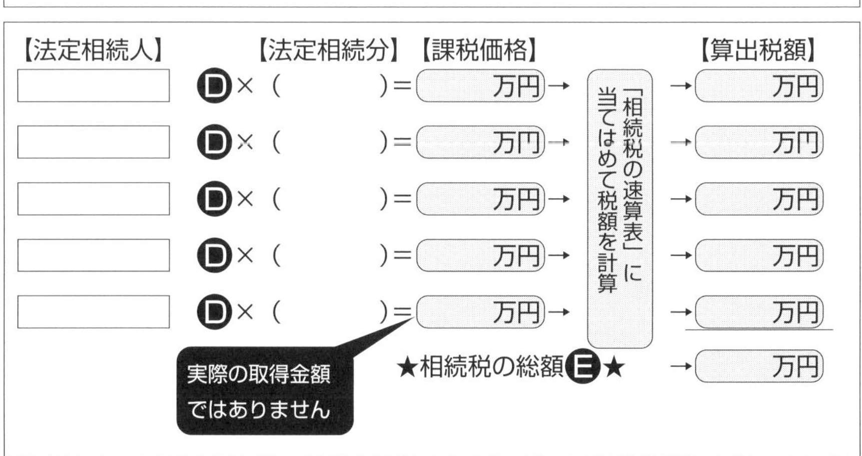

◎ 相続税の速算表

課税価格		税率	控除額
1,000万円以下		10%	なし
1,000万円超	3,000万円以下	15%	50万円
3,000万円超	5,000万円以下	20%	200万円
5,000万円超	1億円以下	30%	700万円
1億円超	2億円以下	40%	1,700万円
2億円超	3億円以下	45%	2,700万円
3億円超	6億円以下	50%	4,200万円
6億円超		55%	7,200万円

遺産総額が基礎控除額以下であれば、遺産を取得したすべての人について相続税はかかりません。遺産総額がプラスであれば、相続税額の計算に進みます。また、相続税額の総額の計算上、遺産総額は法定相続分で分割したものと仮定して計算します。実際に取得した割合ではないので注意してください。

⑷ ステップ④～各人の算出相続税額の計算

【財産取得者】	【按分割合】	【各人の算出相続税額】	
	Ⓔ×(①/Ⓒ)=	万円	❶
	Ⓔ×(②/Ⓒ)=	万円	❷
	Ⓔ×(③/Ⓒ)=	万円	❸
	Ⓔ×(④/Ⓒ)=	万円	❹
	Ⓔ×(⑤/Ⓒ)=	万円	❺

⑶で計算した相続税の総額を、実際に財産を取得した人ごとに割り当てていきます。具体的には、相続税の総額に実際に取得した財産の割合（按分割合）を掛け合わせることで求めます。

⑸ ステップ⑤〜各人の納付税額の計算

【財産取得者】		【相続税額の2割加算】		【各種税額控除】		【納付税額】
	❶	＋　万円	−	万円	＝	万円
	❷	＋　万円	−	万円	＝	万円
	❸	＋　万円	−	万円	＝	万円
	❹	＋　万円	−	万円	＝	万円
	❺	＋　万円	−	万円	＝	万円

最後に、各人の状況に応じた税額の加算・控除を行い、納付税額を決定します。なお、税額の加算・控除は下記の順番で行います。

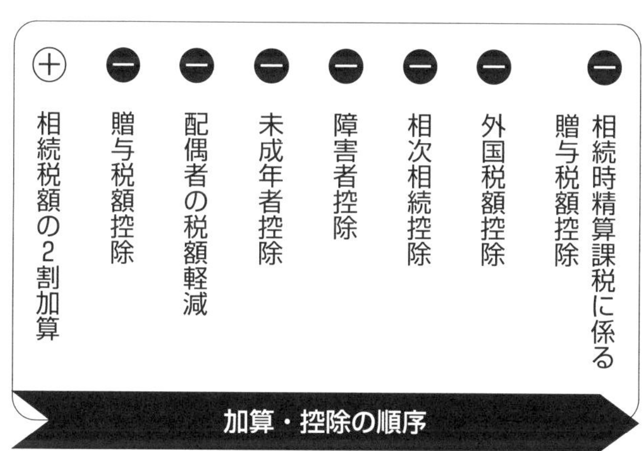

3-11 相続税の申告は誰がいつまでにするの？

相続税申告のイロハ

⑴　相続税の申告が必要な人

次のいずれかに該当する人は、相続税の申告が必要です。

①　相続または遺贈によって財産を取得した人で、「遺産総額>基礎控除額」となる人（**3－1**参照）
②　申告書の提出を要件とする「小規模宅地等の評価減」や「配偶者の税額軽減」などの各種特例の適用を受ける場合（**3－6**、**3－9**参照）

②のように、小規模宅地等の評価減や配偶者の税額軽減といった特例を受けることで、遺産総額が基礎控除額以下になったり相続税額がゼロになったりする場合にも、必ず申告書を提出しなければなりません。うっかり申告書の提出を忘れてしまうと、特例の適用が受けられないことになり、余分な相続税にあわせて無申告加算税や延滞税の負担も余儀なくされますので、くれぐれもご注意ください。

⑵　相続税の申告はいつまで？

①　相続税の申告期限

これまで、相続税の申告期限は「相続開始から10か月」と便宜上記載してきましたが、正確には『相続の開始があったことを知った日の翌日から10か月以内』に行うことになっています。例えば、1月6日に死亡した場合にはその年の11月6日が申告期限になります。

なお、この期限が土曜日、日曜日、祝日などにあたるときは、これらの日の翌日が期限となります。

②　もしも申告期限を過ぎてしまったら

相続人が遠方にいる場合などで、申告書の作成や押印が間に合わなかったため期限内に申告できなかったときは、相続税の本税とは別に無申告加算税や延滞税がかかってしまうので注意しましょう。なお、相続税がかかることを知りながら故意に申告書を提出しなかったり、財産を隠蔽するような悪質なケースでは、重加算税という更に重いペナルティが課せられます。

（注）遺産分割が確定していない場合の申告については、**5－4**【失敗事例】分割協議中に相続税の申告期限が到来…（199ページ）を参照してください。

⑶　相続税の申告書はどこに提出するのか

相続税の申告は、相続や遺贈によって財産を取得した人が行いますが、相続人が多数いる場合でも、人数分の申告書を作成してそれぞれが提出する必要はありません。１通の申告書に全員が署名・捺印して、それを被相続人が死亡した時の住所地を管轄する税務署に提出します。相続人の住所地を所轄する税務署ではないので注意してください。

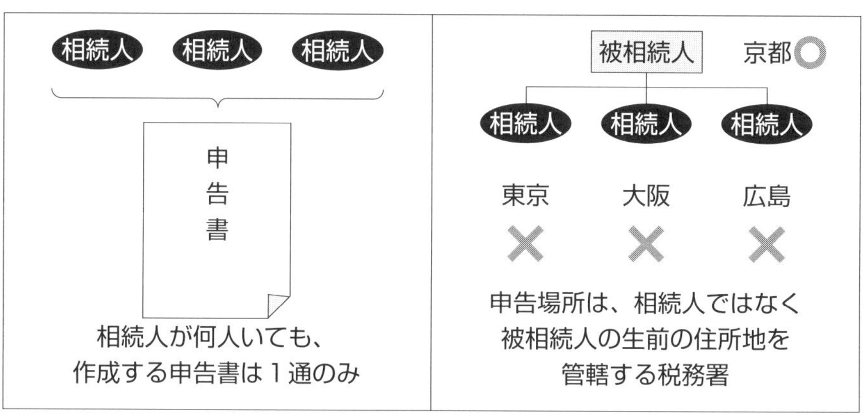

3-12 相続税の納付方法

1 相続税の納付の原則

個人に課せられる税金の中でも相続税は負担の大きな税金の1つですが、税額が高額になったとしても、現金一括で、しかも相続税の申告期限までに納付しなければなりません（相続税の申告期限については**3-11**参照）。

納付については、相続人全員分をまとめて行う必要はなく、納付期限までに、各相続人が個別に支払えばよいことになっています。申告期限までに申告が完了していても、納税が完了しなかったときは利息に相当する延滞税がかかる場合がありますので注意してください。ちなみに、納税は税務署だけでなく金融機関や郵便局の窓口でも行うことができます。

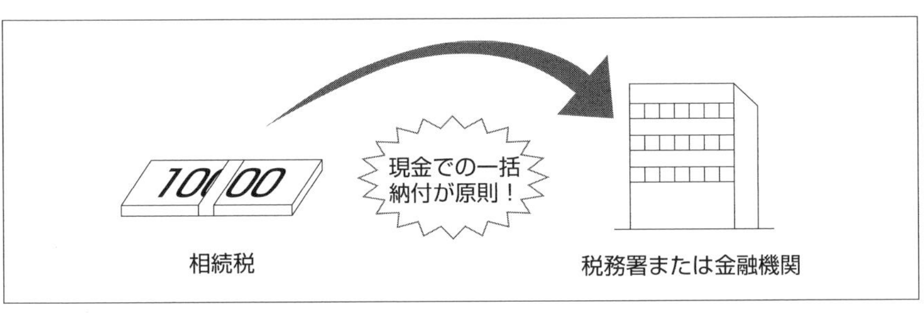

2 相続税の納付の特例～延納～

前述のとおり、相続税は申告期限内に現金で一括納付するのが原則です。相続した財産の多くが現預金や金融資産であれば、それほど問題にはならないのですが、相続財産の大半を土地などの不動産が占めている場合には、相続税を支払いたくても、それに見合う現金が手元にないという事態に陥りかねません。

そこで、現金による一括納付が困難な人に対しては、一定の要件を満たせば、相続税を年賦（年払いのローン）で納めることができる「延納」という制度を利用することができます。

⑴　延納の要件

延納が認められるためには、次の４つの要件をすべて満たさなければなりません。

◎　延納の４つの要件

①　納付する相続税が10万円を超えること
②　金銭で一度に納めることが困難な理由があること
③　延納税額に見合う担保（有価証券や不動産など）を提供すること
④　「延納申請書」および「担保提供関係書類」を納期限までに提出すること

⑵　延納できる期間

延納期間は、原則として５年以内です。ただし、相続財産に占める不動産等の割合に応じて、最大で20年まで延長されます。

また、延納期間中は分割払いの利息に相当する「利子税」がかかりますが、これもどのような財産を相続したかによって利率が変わってきます（1.2%～6.0%）。

なお、最近の超低金利事情を反映して特例基準割合（貸出約定平均金利＋１%）が年7.3%に満たない場合には、利子税の特例割合（0.1%～0.8%）が適用されます。

3　相続税の納付の例外～物納～

相続した財産が土地や建物などの換金性の乏しいものばかりであったり、あまりにも相続税が高額である場合など、現金で一時に納付することはもちろん、延納の方法を用いてもなお納付が困難な場合には、現金に代えて、相続した財産そのもので納税する「物納」という制度を利用することができます（物納と売却の違いについては**5－5**参照）。

⑴　物納の要件

物納が認められるためには、次の４つの要件をすべて満たさなければなりません。

◎ 物納の４つの要件

①　延納によっても金銭で納付することが困難な金額の範囲内であること
②　物納申請財産が定められた種類の財産で申請順位によっていること
③　「物納申請書」および「物納手続関係書類」を納期限までに提出すること
④　物納申請財産が物納適格財産であること

⑵　物納に充てることのできる財産の種類と順位

物納が認められたとしても、物納できる財産には制限があります。また、財産が複数ある場合には、物納に際しての順位も決められています。

第１順位　国債・地方債・不動産・船舶・上場株式等

第２順位　非上場株式等

第３順位　動産

⑶　物納が認められない財産

上記⑵に該当する財産であっても、税務署が処分できないと判断したものについては、物納することができません。代表的なものとしては、抵当権が付いている物件や係争中の財産、共有財産や老朽化の著しい家屋などがあります。

⑷　物納の撤回

物納申請をしていた人が、その後不動産を売却するなどして現金を調達し、現金による一括納付が可能になったり、または延納に切り替えることができるようになった場合には、物納の許可後１年以内に限って物納の撤回を求めることができます。ただし、物納財産が既に換価されていたり公共の用に供されているときは、物納の撤回は承認されません。

3-13 申告もれに気づいたときの対応は？

1 納めた税額が少なかった場合の修正申告

相続税の申告書を提出した後に、財産の申告もれがあり、申告税額が少なくなっていたことに気づくことがあります。このような場合には、正しい税額を記載した申告書(修正申告書)を改めて提出することになります。

◎ 財産の申告もれが見つかった場合

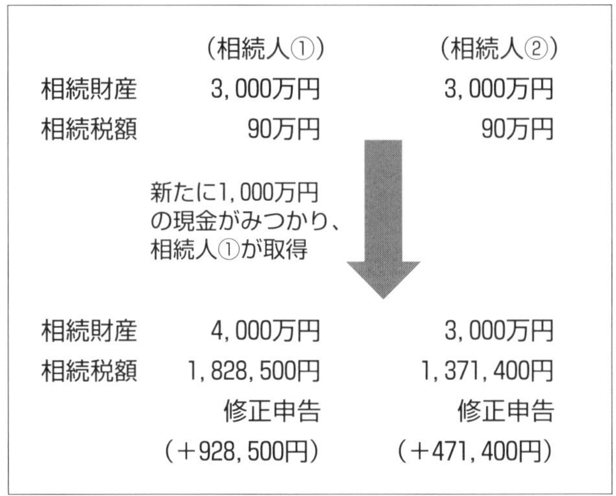

	(相続人①)	(相続人②)
相続財産	3,000万円	3,000万円
相続税額	90万円	90万円

相続財産	4,000万円	3,000万円
相続税額	1,828,500円	1,371,400円
	修正申告	修正申告
	(＋928,500円)	(＋471,400円)

この修正申告書の用紙は税務署に用意されており、税務調査による更正の通知が来る前であればいつでも提出することができます。

たとえ故意によるものでなくても、税務調査で申告もれを指摘されてからでは、延滞税や加算税を課されてしまうので、間違いに気づいた場合は、その旨を税務署に連絡し修正申告を行うようにしてください。というのも、税務署から指摘を受ける前に自主的に修正申告したときは、加算税は免除されますので、速やかな対応が望まれるというわけです。

2　こんな時にも修正申告が必要！

⑴　遺産分割協議がまとまったとき

遺産分割協議が相続税の申告期限までにまとまらない場合には、相続人が法定相続分で財産を取得したものとして未分割のまま申告を行いますが、例えば以下の例のように、その後に分割協議がまとまって課税価格及び税額が変動し、相続人②が更正の請求（**3－14**参照）を行う場合には、相続人①は修正申告を行う必要がありますので注意してください。

◎ 未分割のまま申告した後、遺産分割がまとまった場合

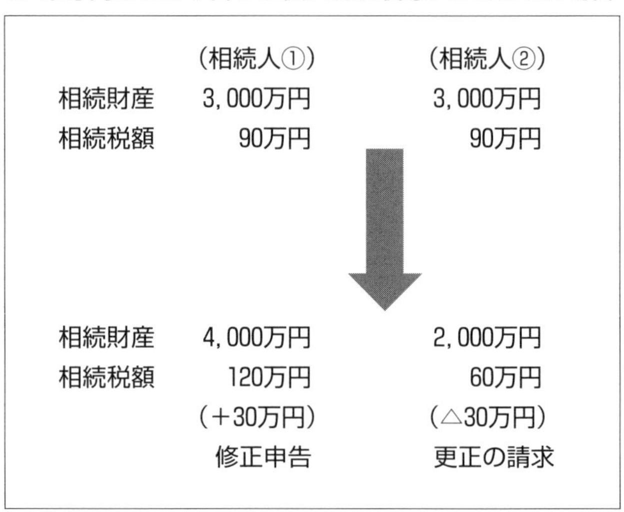

	（相続人①）	（相続人②）
相続財産	3,000万円	3,000万円
相続税額	90万円	90万円
	↓	
相続財産	4,000万円	2,000万円
相続税額	120万円	60万円
	（＋30万円）	（△30万円）
	修正申告	更正の請求

⑵　遺留分の侵害額請求があったとき

また、相続人は遺留分の侵害があった場合に、受遺者に対して侵害額請求を行うことが認められていますが、この手続きの結果、課税価格および相続税額が増加したときにも、修正申告が必要な場合がありますのでご注意ください。

3-14 払い過ぎた相続税は取り戻せる？

1 払い過ぎた相続税は取り戻せる？～更正の請求～

相続税は、他の税金とは異なる特色を持っています。それは、基本的に相続財産はすべて国税庁が定める財産評価基本通達によって評価されるという点です。

「国が定める基準があるならば、誰が評価しても結果は同じだろう。まして税理士が計算すれば間違えるわけがない…」

確かに常識的に考えればそのとおりなのですが、現実はそうではありません。財産評価にあたって、最も知識と経験を要するのが土地の評価ですが、土地はその形状や利用の状況、周辺の環境などによって、評価の方法が大きく異なり、その結果も大きく変わります。税の専門家である税理士といえども、そのすべてに精通しているという訳ではありませんから、他の税理士に再計算させたら税金の払い過ぎを指摘されたなどということも少なくないようです。

このように、過去に申告・納税した相続税について、財産の評価が適切でなかったり、計算そのものに誤りがあって納税が過大であったことが後日になって判明した場合には、税務署に「更正の請求」をすることによって、払い過ぎた税金を取り戻すことができます。

2 更正の請求をすることができる期間

相続税の申告期限は被相続人が亡くなってから10か月以内となっていますが、その申告期限から５年以内については、更正の請求をすることができます。

なお、贈与税に係る更正の請求は、申告期限から６年以内にすることができます。

◎ 更正の請求期間

	更正の請求が可能な期間
相続税	5年
贈与税	6年

◎ 更正の請求手続き

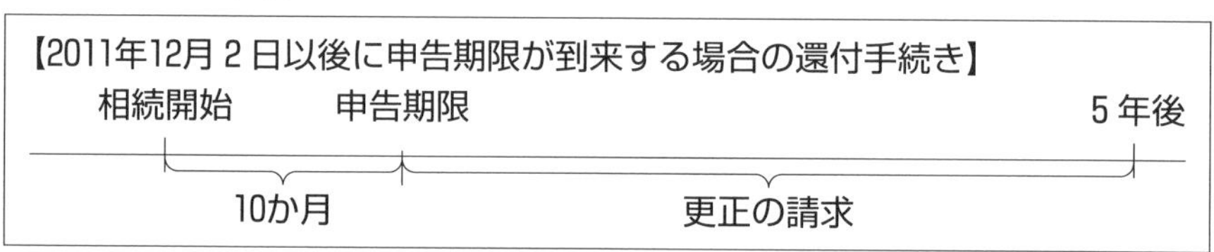

3 相続税特有の事由による更正の請求

単純な計算ミスなどで税金の計算を間違えることは、相続税に限らず所得税や法人税でも起こることですが、相続税には、計算ミス以外の特殊な事由によって、既に提出した申告書の内容が変わり、その結果、納めた相続税が過大となるケースがあります。

このような相続税特有の事由で税金の還付を請求する場合には、上記2で解説した期間ではなく、その事由が発生した時から4か月以内に更正の請求をすることになります。

◎ 相続税特有の事由による更正の請求手続き

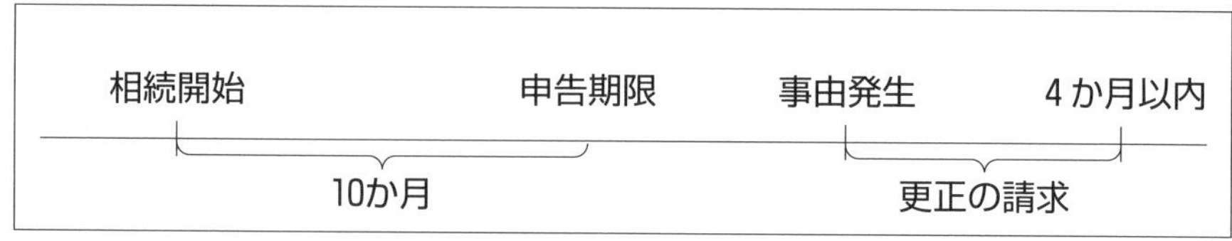

◎「相続税特有の事由」とは

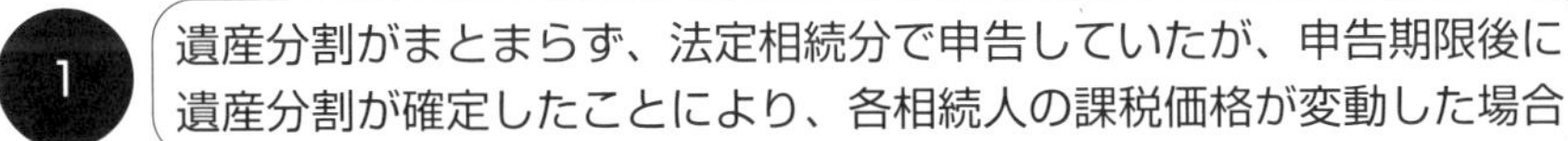

1. 遺産分割がまとまらず、法定相続分で申告していたが、申告期限後に遺産分割が確定したことにより、各相続人の課税価格が変動した場合
2. 相続人の立場に関する裁判の確定などの事由により、相続人に異動があった場合
3. 遺留分の侵害額請求があった場合
4. 遺贈に関する遺言書が発見されたり、遺贈の放棄があった場合
5. 申告期限後３年以内に遺産分割が行われ、配偶者の税額軽減や小規模宅地等の特例が適用された場合

相続税の申告は専門の税理士に依頼する

国税庁の統計データによると、2019年の更正等による相続税の還付額は、約6,800件で金額にして447億円強とされています。その主な理由は、不動産の評価誤りによって当初の申告納税額が過大であったものと推測されます。

ちなみに、2019年の相続税の申告件数は約11万件でした。一方、これに対して全国の税理士数は約７万９千人（2021年６月現在）ですから、単純計算ですと１人の税理士が１年間に経験する相続税の申告は1.4件足らずに過ぎず、専門的な知識と経験を要求される相続税の申告に精通するには少々心許ない数字です。当初申告での誤りが少なくない一因といってもよいでしょう。

そこで、相続税の申告は、経験が豊富で知識も理論だけではなく実務をベースに習熟している専門の税理士に依頼することが得策といえます。

3−15 相続税調査の実情を知る

1 圧倒的に高い！？相続税の税務調査の確率

相続税の申告書を提出しようとする人にとって何よりも心配の種は、鬼よりも怖いと思われがちな税務調査ではないでしょうか。相続税の税務調査は、相続税の申告が終わってホッとする半年後から２年後ぐらいに行われるのが一般的ですが、法人税や所得税に比べて税務調査を受ける割合が圧倒的に高いという特徴があります。

◎ 国税庁発表の統計データ

$$\frac{\text{2019事務年度の実地調査の件数　10,635件}}{\text{2019年分の相続税の申告件数　115,267件}} = 9.2\%$$

従来、相続税の申告件数の４件に１件は税務調査があるといわれていましたが、国税庁発表の統計データでは2019年の調査率は9.2%と低くなっています。これは2015年から相続税の基礎控除が減額されたため申告件数が約２倍に増加したことが要因であると考えられ、今後の調査率の動向に注目しておきたいところです。

2 税務調査では８割が申告もれ

さらに驚くべき事実が、税務調査を受けた結果、申告もれであると指摘された割合の高さです。統計データによると、実に85%以上の確率で税務署から何らかの申告もれの指摘を受けているということになります。

事務年度	2018事務年度	2019事務年度
実地調査の件数	12,463件	10,635件
申告もれの件数	10,684件	9,072件
申告もれ割合	85.7%	85.3%

また、修正に至った場合の１件あたりの申告もれ財産の課税価格は平均2,866万円（2019事務年度）にのぼり、追徴税額に置き換えると641万円というサラリーマンの平均年収を超える税金を納付している状況です。相続税の税務調査の厳しさが浮き彫りになっているといえるでしょう。

3　金融資産に集中する申告もれ

申告もれ財産の内訳を見ると、2019事務年度の実績で現金・預金等の33.1%が最も高く、続いて土地が12.4%となっており、相続税の税務調査では、金融資産だけで半分近くもの申告もれが指摘されています。

◎ **申告もれ財産の割合**

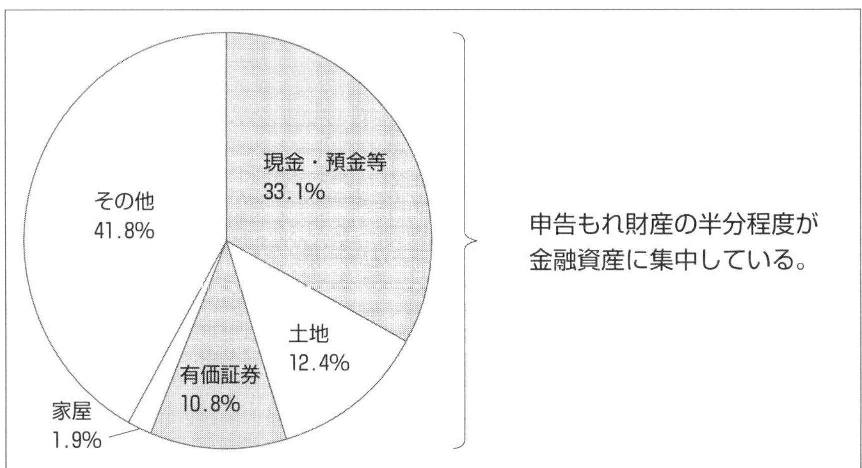

とはいっても、心ない相続人が隠蔽したタンス預金などを税務署の調査官に見破られたというような悪質な脱税事件が多発しているわけではな

く、多くのケースが被相続人名義の金融資産だけを税務署に申告すればいいという相続人の思い込みが招いた結果ではないかと思われます。

つまり、形式的には子供や孫名義の預貯金であっても、元々預け入れた預貯金の原資や本人の収入状況、預貯金の管理状況などから考えれば、実質的には被相続人のもので、家族の名義を借りて所有しているに過ぎない

◎ **名義預金は危険！そう簡単に贈与の申告もれは認められない**

被相続人

親名義の
定期預金
1,000万円

→ 相続が発生する10年前に
名義を子供に変えていたら？

相続人

子供名義の
定期預金
1,000万円

相続人のありがちな思い込み	・10年前のことだから贈与税の申告もれは時効だろう。 ・被相続人の名義ではないので相続財産には含めなくても大丈夫だろう。
税務署の一般的な見解	調査のポイント ・誰が預金口座の開設手続きをしたのか？ ・誰の印鑑を使っているのか？ ・預け入れた預金は元々誰のお金だったのか？ ・相続人は預金の存在を知っていて、自身でその預金を管理（通帳の保管、預入れ、引出しなど）していたか？ ・贈与税の申告をしているか？ ⇩検討の結果 ・名義は変わっていますが、贈与の事実は認められません。 ・被相続人の相続財産に含めて、修正申告してください。

ものについて、被相続人の相続財産に含めて申告しなければならないことを、多くの相続人がご存じではないということです。

4　税務調査の対象になりやすいケース

相続税の申告書が提出されると、税務署はこれまでの所得税などの申告実績や照会文書、支払調書などの外部情報と照らし合わせながら、税務調査を行う必要があるかどうかをチェックします。

その結果、申告された金融資産が少なすぎると思われる場合や申告もれとなっている財産が見つかった場合には、税務調査の対象事案として選定されることになります。そこで、どのような場合に税務調査の対象になりやすいか、調査対象選定のポイントを確認し、調査官からの予期せぬ指摘で戸惑うことのないように準備をしておきましょう。

対象になりやすいケース		選定のポイント
①	家族名義の預貯金が多い場合	・家族口座間で資金移動がないか？ ・名義人の収入に対し残高が多すぎないか？
②	預貯金から多額の出金がされている場合	・出金したお金はどこにいったのか？ ・購入したものは相続財産に含まれているか？
③	家族名義の有価証券や投資信託が多い場合	・運用の指示は誰が出していたか？ ・配当金の受取口座は誰の名義か？
④	生前の収入に対して相続財産が少ない場合	・生前の所得状況から税務署が推定した相続財産の金額よりも少なすぎないか？
⑤	借入金が多いのに相続財産が少ない場合	・借入れによって購入したものが相続財産に含まれているか？
⑥	海外送金が多いのに海外財産が少ない場合	・支払調書（100万円超の海外送金があった場合に金融機関から税務署に提出される）の記録に比べて海外財産が少なすぎないか？
⑦	貸金庫がある場合	・誰が貸金庫を開閉しているか？ ・どれくらいの頻度で貸金庫を利用しているか？

コラム　相続した空き家を売ったら…

1　放置できない放置された空き家の対策

実家を相続したものの誰も住む予定がないため、売却したいという相談が増えています。近年、空き家は増加し、2018年には約850万戸にも達して社会問題にもなっています。少子高齢化、核家族化による同居世帯の減少、生活形態の変化など理由はさまざまですが、やはり時代の変化によるものといえます。

放置された空き家の火災や倒壊といった危険から近隣住民を守るために空家等対策特別措置法が制定され、各自治体も様々な対策に取り組んでいます。その一環として、相続した空き家を売った場合には税務上の優遇制度を受けることができます。

2　空き家を売った場合の譲渡所得の特例

相続した「実家」を売却することに躊躇する場合も少なくないことが空き家が増える１つの要因にもなっていました。そこで、税制面から売却を後押しするために、2023年12月31日までに売却した場合、特例として譲渡所得から3,000万円を控除することができます。ただし、以下の条件を満たす必要があります。

- □敷地と家屋の両方を相続により取得している
- □相続により取得した家屋はマンション（区分所有）ではない
- □相続した家屋は1981年５月31日以前に建築されている
- □売却物件は相続から売却まで居住や貸付がされていない
- □相続の直前、家屋には亡くなられた方のみが住んでいた
- □売却物件は土地と家屋または家屋取壊し後の土地のみである
- □売却先は第三者である（売却先が親族等ではない）
- □売却金額は１億円以下である
- □相続から３年を経過する日の属する年の12月31日までに売却している

この特例の適用については他にも細かい要件があり、また、空き家であったことを証明する「被相続人居住用家屋等確認書」を市町村から入手しなければなりません。したがって、適用を受ける際には専門家に相談することをお勧めします。

なお、相続の直前から売却に至るまでの「実家」の利用状況が要件とされていることから、実家をどうするかを事前に親子で話し合っておくのが良いでしょう。

【参考】譲渡所得税率（%）

区分	所得税 （復興特別税含む）	住民税	合計
長期譲渡所得	15.315	5.0	20.315
短期譲渡所得	30.630	9.0	39.630

※　売却した年の１月１日時点で、所有期間が５年を超える場合は長期譲渡、５年以下であれば短期譲渡の税率となります。所有期間は被相続人が所有していた期間を通算して計算します。

第4章

プロが教える 相続対策の決定版！

この章で紹介している相続対策の難易度を以下のように示していますので、参考にしてください。

★…簡単な知識があれば、すぐにでも実行可能な対策 ★★…若干の知識が求められ、専門家のサポートが望ましい対策 ★★★…専門的な知識を必要とすることから、専門家のサポートが不可欠となる対策

第１節　相続対策のカンどころ

4－1 相続対策の第一歩は現状把握から

1 街にあふれる相続対策は万能か

新聞、雑誌やセミナー、書店のコーナーや友人との会話……、街には相続対策の情報があふれています。

日頃から相続に関心を持つ人は、つい耳にした相続対策情報に惹かれ、「たいした財産はないので、自分で遺言書を作っておけば十分ですよね」（**4－7**参照）とか「毎年、孫に100万円ずつ贈与しているんです。110万円までは無税ですからね」（**4－9**参照）と相談に来られます。

さて、相続対策として取り上げられているこういった各種の方法は、はたして万人に適した方法でしょうか。例えば、お孫さんへの贈与についても、相続開始までに想定される期間や相続財産のボリュームを考慮しなければ、一概に非課税の範囲内に留めておくことがベストかどうかは分かりません。多少の贈与税を払ってでも、もっとたくさんの金額を贈与した方が効果が高いかもしれません。まずは現状を正しく分析して、状況に応じた手段を講じることが対策成功の秘訣なのです。

2 相続対策の三本の矢

相続対策は、「相続税軽減対策」、「納税資金対策」、「争族対策」と大きく３つに分類することができます。

「相続税軽減対策」は、ずばり相続税をどのように減らすかであり、「納税資金対策」はその相続税をどうやって納めるのか、また「争族対策」は残された遺産をどのように分割し相続争いをどのように防ぐのかということになります。

これら3つに優先順位をつけてバランス良く取り組むことによって、ご家族の状況に応じた相続対策が可能になります。

◎ 相続対策の三本の矢

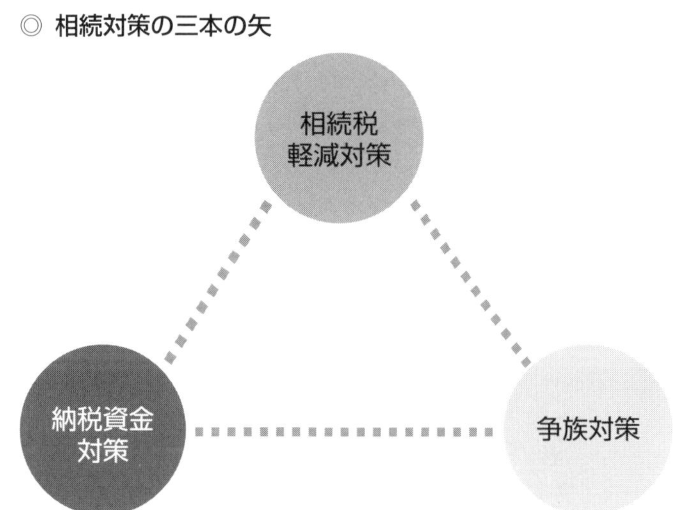

3 現状把握と相続税の試算

相続対策の優先順位を考えるにあたって、まずは現状を正しく知ることが重要です。以下の順序で相続財産を調査し、相続税額の試算をしてみましょう。

⑴ 相続人の確認と法定相続分、基礎控除額の計算

養子縁組をしている場合や相続人が既に亡くなっている場合には注意が必要です（**2－1** 参照）。また、次回の相続に備えて、相続人の次の相続人まで確認することをお勧めします。

⑵ 相続財産と相続債務のリストアップ

預貯金、不動産や有価証券はもちろん、同族会社の株式や役員貸付金、保険などすべての財産を洗い出してください。また、生前に贈与した財産の一部は相続財産に加算され、賃貸不動産の預り保証金や葬式費用などは

相続債務として相続財産から差し引くことができます。

財産債務のリストアップに際して参考になる資料は次のとおりです。なお、それぞれの財産の評価方法については第3章を参照してください。

◎ **相続財産のリストアップに参考となる資料一覧**

財産の種類		参考資料（概算計算のヒント）
財産	預貯金	各金融機関の通帳の直近残高
	上場株式・投資信託	証券会社からのお知らせ・残高報告書の時価評価額
	非上場株式	会社の決算書・申告書・科目内訳書など 1株あたりの純資産価額を参考に
	生命保険・損害保険	保険証券（家族分もあわせて確認しましょう） 長期損害保険、建物更生共済などの証券
	土地・建物	固定資産税課税明細書・路線価図 土地：宅地、駐車場については、「固定資産税評価額÷0.7×0.8」で計算可能 建物：「固定資産税評価額×1.0（貸家の場合は0.7)」で計算
	その他の財産	貸付金、ゴルフ会員権、リゾート施設利用権、骨董鑑定書、車検証など
	生前贈与財産	3年以内の贈与税の申告書、基礎控除額以下の贈与
債務	借入金	借入金返済予定表
	預り保証金	賃貸借契約書

(3) 相続税額の計算と納税資金の確認

相続財産の洗い出しと評価ができましたら、**3-10**「わが家の相続税を計算してみよう」の手順に従って相続税額の計算をしてみましょう。

ここでは相続税額の合計をおおまかに把握できれば充分です。

現状の所有財産は何で、それぞれいくらなのか。今、相続が発生した場合に納めなければならない相続税額はいくらで、はたして手持ちの金融資産で納税できるのか。これらの答えを求めることから相続対策はスタートします。

4－2 相続対策の賢い進め方

1 相続対策の順序

相続対策というと、相続税の軽減＝節税のことばかりが気になりますが、節税だけでは充分な対策とはいえません。もちろん、目先の相続税額を減らすことは大切ですが、節税対策の途中で相続が発生してしまったり、贈与しすぎて納税資金が足りなくなったり、遺産分割がうまくまとまらずに相続税の減額特例が使えなかったり、預金が凍結されて納税資金や生活資金、それに借入金の返済にも窮してしまったり…と様々なことが想定されます。

それでは相続対策はどのようにすすめたらいいのでしょうか。**4－1**で説明した「相続対策の三本の矢」のうち、まずは「納税資金対策」から始めることをお勧めします。

納税資金が不足すると、相続発生後の相続人の生活に直接的に影響します。突然に相続が発生した場合の相続人の不安を取り除くためにも、まずは納税資金をある程度確保しておきましょう。

次に「争族対策」を行います。相続人の関係がうまくいっていない場合や、財産の多くが不動産や自社株式である場合には、遺産をどのように分割するのかという点で親族が争う、文字どおり「争族」につながる可能性も否定できません。いくら相続税の節税対策をしても、遺産分割がまとまらなければ元も子もありません。

このような場合には、不動産などの分割が困難な財産から金融資産などの分割可能な財産への組換えを行ったり、代償金を準備したり、遺言書を作成する（第2節参照）などの対策を行います。

これら2つをすすめながら、あわせて相続税の軽減についても考えるというのが安心の順番と考えます。つまり、相続対策を首尾よく進めるためには、ご家族の状況、相続財産の種類と金額、相続税率や相続発生までの期間を考慮しながら計画的に実行することが肝心です。

もちろん、家族環境の変化、税制改正の動向などを踏まえて、定期的な見直しを行う必要があることはいうまでもありません。

◎ 相続対策の順番は？

2 相続税と争族対策は別

「うちの財産は、自宅と少しの貯金ぐらいなので、相続対策なんか必要ない」、「うちにかぎって相続でもめるわけがない」…このような話をよく聞きますが、司法統計をみてみると、遺産分割の調停・裁判件数は年々増加しており、調停件数のうち遺産総額5,000万円以下の案件の割合は約75%にもなります。

相続税がかかる、かからないにかかわらず相続争いの問題は発生しますので、遺された相続人のためにも生前にしっかりとした争族対策をしておきましょう。

◎ 相続税がかからなくても発生する相続問題の例

●子供がいない夫婦
➡相続するには配偶者の兄弟姉妹の同意が必要。
●先代の土地の分割ができていない
➡土地を有効活用しようとしても未分割だと何もできない。子供世代が改めて分割協議書を作成しようとしても権利関係者全員と連絡を取るのが大変。
●自宅は同居している妻や長男が当然相続するものと思っていた
➡同居していない子供が、自分の家族の問題（リストラ、病気、子供のこと）により自宅を含めて公平な財産分与を求めてきた。
●家族関係が複雑
➡離婚や再婚により前妻（夫）との間に子供がいたり、身内のいない、いわゆるお一人様で相続人がいない。

3 相続対策の始期

それでは、相続対策はいつから始めるとよいのでしょうか。

これまでの経験からいいますと、贈与は60代から始めて、遺言書の作成をするのは70代後半以降の方が多いようです。しかし、70代半ばにもなると認知症の問題が出てくるため、いざ相続対策に着手しようとしても既に手遅れになっていることがあります（**4－3** 参照）。さらには、病気や入院で外出がままならずに、専門家へ相談に行けないことも十分ありえます。

そして、年齢を重ねていくにつれて気力と体力が衰えていきますので、何をするにも億劫になってしまいがちです。「今より若いときはない」といわれているように、相続対策をしっかりと考えて、確実に実行に移すには、少しでも早いに越したことはないのです。

相続対策の第一歩は、ご家族で話し合うことです。まずはご家族で時間を作り、相続財産や分け方について話し合ってみてください。

4－3 相続対策のタイムリミットは認知症

1 相続対策にはタイムリミットがある!?

相続対策をしようと考えたときに、「まだ早いからもう少し考えてからにしよう」と思って後回しにしてしまっていませんか。

しかし、実際には、もう少し早くから取り組んでおけばよかったと後悔するケースが後を絶ちません。

なぜなら、相続対策をするためには「事理弁識能力」つまり「判断能力」が必要だからです。判断能力が低下してしまうと、相続対策をしたくてもできないといった事態に陥ります。

判断能力が低下する原因には様々なものがありますが、その中でも認知症になってしまうと、ほとんどの相続対策ができなくなってしまいます。つまり、相続対策のタイムリミットは「認知症になるまで」なのです。

2 平均寿命と健康寿命

次ページの図は、厚生労働省が発表している平均寿命と健康寿命の差を示したものです。

私たちの平均寿命は、生活環境の改善や医学の進歩によって、2016年で男性81.0年、女性87.1年となっており、世界有数の長寿国となっています。そして、「健康上の問題で日常生活が制限されることなく生活できる期間」である健康寿命についても、男性72.1年、女性74.8年と、こちらも世界のトップクラスに位置しています。

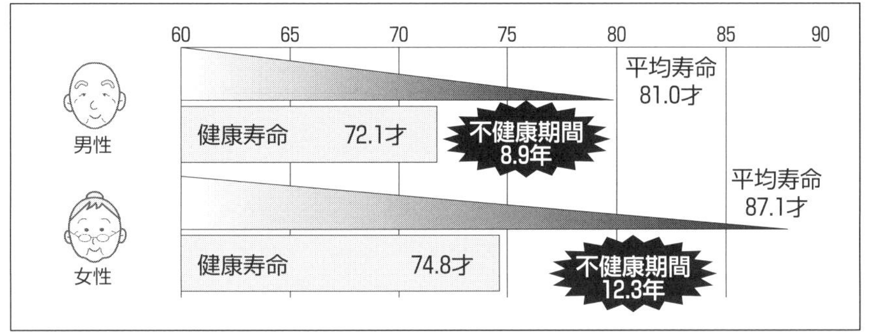

※厚生労働省ホームページ（「令和２年版厚生労働白書」2020年）から作成

そして、平均寿命と健康寿命の差が不健康期間と呼ばれ、この不健康期間が「なんらかの介護が必要になる期間」となります。そして、この不健康期間は年々延びつつあります。

また、認知症の発症件数も年々増加しています。2012年では、高齢者の７人に１人が認知症になっており、2040年には高齢者の４人に１人が認知症になるとの統計もあり、誰が認知症になってもおかしくない時代を迎えています。

◎ 認知症の発症件数

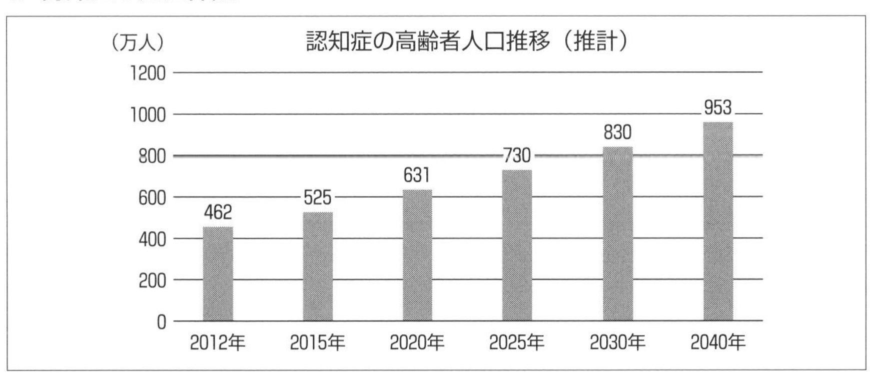

※「日本における認知症の高齢者人口の将来推計に関する研究」（2014年度厚生労働科学研究費補助金特別研究事業　九州大学二宮教授）から作成

3 認知症になるとできなくなること

それでは、認知症になると、具体的にどのようなことができなくなるのでしょうか。

例えば、遺言書を作ることは難しくなります。もし、認知症になっているにもかかわらず、無理やり遺言書を作成すると、後で裁判によって遺言書が無効となる可能性があります。また、新たに生命保険に加入することも保険会社の審査基準を満たさないケースが多くなります。

贈与も「あげます」という意思表示が必要となるため、難しくなります。「以前、あげるといっていたから」といって勝手に預金を引き出してしまうと、後々トラブルになる可能性があります。

つまり、相続対策は、「まだ早い」と思わずに健康なうちに少しずつ準備を進めていくことが重要です。

なお、認知症と診断されたからといって、すべての対策ができなくなるわけではありません。軽度の認知症であれば対策が可能な場合もあります。

高齢化する相続人

被相続人が高齢化する一方で、相続人自身も高齢化しつつあることを無視できません。

例えば、相続人が認知症を発症している場合、遺産分割協議にあたって成年後見人を選任する必要があります。また、分割協議後に認知症が疑われるような状況になりますと、共有状態にある不動産については売却も担保提供もできなくなるおそれがあります。

このように相続人に高齢者がいる場合のリスクについても事前に対応を考えておくことが、これからの相続対策のカンどころといってもよいでしょう。

第２節　相続トラブルの回避策

4－4 遺言書で争族を防ぐ

★★

1 遺言書は相続トラブルの特効薬

遺言書と聞くと、みなさんはどのようなイメージを持たれるでしょうか。「自分が死んだ後のことまで考えられない」、「なんとなく縁起が悪い」、というように思われる方も多いのではないでしょうか。しかし、遺言書は遺産分割をめぐるトラブルを回避する最も効果的な手段なのです。

もしも遺言書がなければ、遺された財産に関して、民法で定められた相続分を考慮しながら、遺された相続人だけで遺産分割協議をまとめなければなりません。日頃は仲の良い親族であっても、トラブルの発生する可能性は案外少なくないものです。過去に実際に起こった相続トラブルの事例は、**4－5**、**4－6**で紹介しています。

2 遺言書の効力

遺言書には誰に何を遺すかを定める効力があります。遺言書を作成することにより、民法で定められた割合（法定相続分）と異なる割合や遺産分割方法を指定することができ、その指定された割合は民法に優先して適用されます。また、遺言書で相続人以外の者を指定することにより、その者にも財産を遺すことができます。

3 遺言書で指定できること

法律上、遺言として効力が認められるのは、民法やその他の法律で定められている事項に限られます。一般的に法定遺言事項と呼ばれているもので、大きく次の４つに分類されます。

⑴	相続に関すること	…相続分や財産分割方法の指定など
⑵	財産処分に関すること	…遺贈や遺言信託の設定など
⑶	身分に関すること	…婚外子の認知や未成年後見人の指定など
⑷	遺言の執行に関すること	…遺言執行者の指定など

法定遺言事項はルールに従い事務的に書く必要があるため、遺言者の真意が正しく伝わらなかったり、財産の配分の根拠が不明確で誤解が生じたりすることがあります。これを補完するのが付言事項と呼ばれるもので、「長女は最後まで介護をしてくれたので、他の兄弟よりも財産を多く相続させる」といった言葉を遺言書に記載することにより、遺言者自身の思いを遺族に正しく伝え、相続に関する親族間の争いを未然に防ぐのに役立ちます。

このように遺言書は、故人の意思を明確に表示するものであり、それは単に誰に何を遺すかということだけではなく、遺される親族に対する切実な想いを伝えるためのものでもあるのです。

4 万能ではない遺言書

遺言書は故人の意思を尊重し、遺された親族たちにその意思を伝える重要なツールですが、必ずしも相続トラブル解決の万能薬ではありません。

例えば、遺言が「特定の相続人に全財産を渡す」といった内容であった場合、それに納得できない兄弟姉妹以外の相続人は、遺留分を請求することができます。遺留分については **2－2** を参照してください。

遺留分を無視した遺言書を作成すること自体は可能ですが、その内容が相続人間の公平性を著しく欠いている場合には、かえってトラブルの原因になることに注意しておいてください。

4－5 相続トラブルに学ぶ（子供のいない夫婦）

1 配偶者が遺産を全部もらえると思っていませんか？

相続トラブル、つまり争族になりやすい事例の１つとして、子供のいない夫婦の場合が挙げられます。この場合、配偶者はすべて遺産をもらえるわけではありません。

実際にあった事例を紹介しましょう。下の図に示すように、夫が先に亡くなったのですが、その場合に相続人になるのは妻だけでなく、夫の兄弟も相続人になります。具体的な法定相続分は、妻が３／４、夫の兄と姉が１／８ずつです。

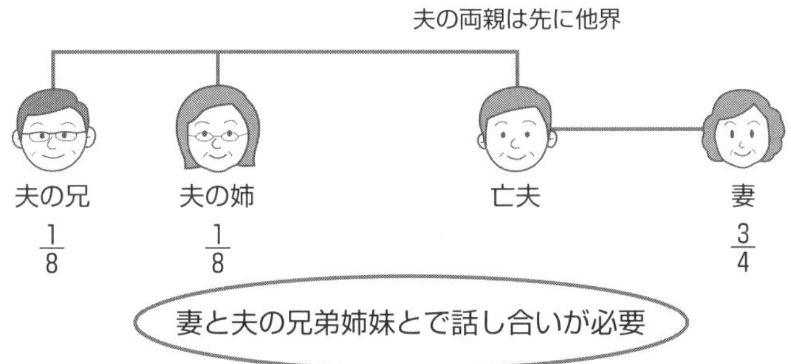

そうすると、妻の立場からすれば、夫の遺産の分け方について、夫の兄姉と話し合い（遺産分割協議）をしないといけなくなります。ここでは兄と姉の２人だけですが、兄弟姉妹が大勢いる場合には、その全員と話し合いをしなければなりません。

さらに、夫の兄弟姉妹が夫より先に亡くなっていた場合には、その子供ら（これを代襲相続人といいます。つまり、妻の立場からは義理の甥や姪）とも話し合いをする必要が出てきます。

当然のことながら、兄弟姉妹も、話し合いの中で自分達の権利を主張することができます。今回の事例で、兄と姉が主張したのは「弟の自宅の権利までほしいとはいわないので、権利に見合う分の現金がほしい」との内容でした。

しかし、今回の事例では、夫の遺産は自宅とわずかな預貯金だけでしたので、話し合いの結果、自宅を売却し、その売却代金を相続人全員で分けることになりました。妻は、長年住みなれたマイホームから泣く泣く退去せざるを得なくなってしまったという、たいへん悲しく不幸な事例といえます。

2　子供のいない夫婦の相続トラブルは遺言で解決！

それでは、この事例ではどうすればよかったのでしょうか。実は、こういった事例では遺言が非常に有効になります。なぜなら、兄弟姉妹には遺留分がないからです（遺留分の詳細は、**2－2**を参照）。

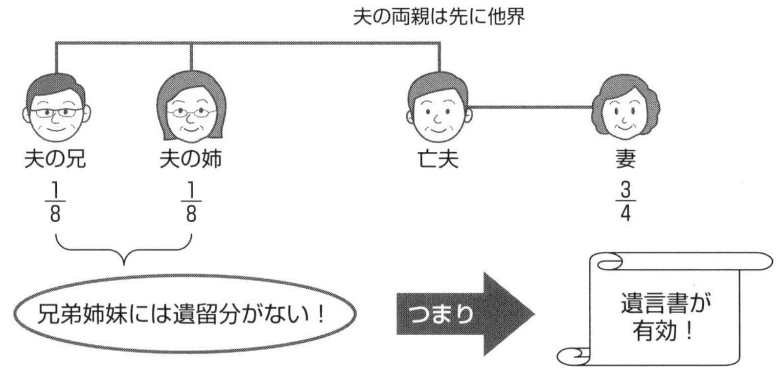

そのため、遺言書に「自分の財産は、すべて妻に相続させる」といった内容を書いておけば、その内容に兄弟姉妹は異議を唱えることができず、すべての財産を妻に渡すことができたのです。そのため、子供がいない夫

婦は遺言書を作っておくべきでしょう。もし、仲のいい兄弟姉妹に財産を渡したいと思ったときにも、遺言書を作っておいた方がいいでしょう。どれだけ仲がよくても、兄弟姉妹の間柄では財産の詳細まで把握していないケースが多く、遺言書でその内容を伝えておく必要があるためです。

さらには、夫婦のうち、どちらが先に亡くなるかわからないため、夫婦ともに遺言書を作っておくことが得策といえます。

子供のいない夫婦のもう一つの不幸

兄弟姉妹には遺留分がないことを説明しましたが、そのことと混同しないようにしたいのは、兄弟姉妹は代襲相続の対象にはなるということです。つまり、亡くなったご主人に兄弟がおられても既に他界されているので安心していたところ、ある日突然、甥や姪が相続人として登場するというわけです。

特にご兄弟が多い場合などは、多数の甥や姪が代襲相続人として名乗りを上げてきますから、その対応は大変です。ご主人が残した虎の子の財産も散逸しかねないのですから、これは不幸というほかはありません。

その意味でも遺言の有効性を改めて強調したいところです。

4－6 相続トラブルに学ぶ（過去の離婚経験）

1 前妻（夫）との間の子供の相続権

相続トラブルになりやすい２つ目の事例として、過去に離婚をしており、前の配偶者との間の子供がいる場合が挙げられます。

こちらも実際にあったケースを紹介しましょう。下の図に示すように、夫が亡くなったのですが、その相続人は、現在の配偶者（妻）とその子供（A）だけでなく、前妻との間の子供（B）も相続人になります。そうすると、夫の遺産の分け方については、現在の配偶者とA、Bの３者間で話し合い（遺産分割協議）をしなければなりません。

配偶者は離婚をすると相続権はなくなりますが、子供は両親が離婚してから何十年経っていても相続権があります。

一般的にこのような関係では、お互いあまり仲が良いとはいえないでしょう。会ったことすらないとしても決して不思議ではありません。しかし、遺産を分けるためには、妻は夫が亡くなったことをBに知らせる必要があります。そして、この事例では、妻は過去に夫が離婚をしていたことや子供がいることをまったく知りませんでした。相続が発生した後に、過去の戸籍を取り寄せて初めてわかったのです。

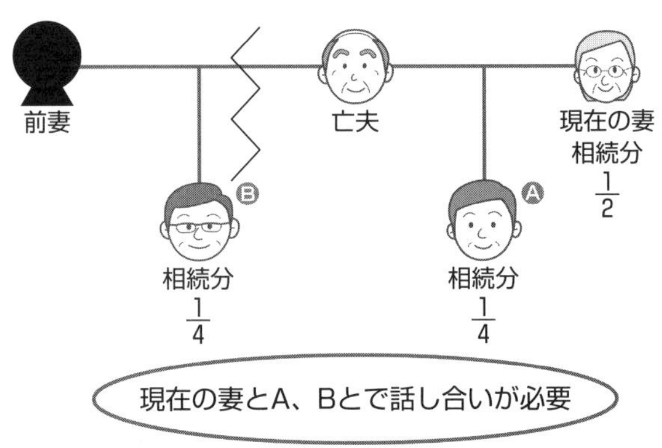

そこで、夫が亡くなったことをＢに知らせたところ、Ｂが相続権を主張したため、解決までに長い時間がかかってしまいました。

2 遺言の有効性

それでは、この場合はどうすればよかったのでしょうか。この事例でも遺言書を作っておくことが有効になります。あらかじめ遺言で分け方を決めておくと、お互いに話し合いをする必要がなくなります。

しかし、**4－5**の子供のいない夫婦の事例とは異なり、Ｂには遺留分がありますので、「自分の財産は、すべて妻に相続させる」といった内容にしてしまうと、妻はＢから遺留分を請求される心配があります。

そこで、遺言書を作る際には、その点をどのように解決するかについて検討しておく必要があります。あらかじめ遺留分（相続分１／４の半分の１／８）に相当する分だけの遺産を渡す内容にするのか、あるいはあえて何も触れないでおくのか、家族環境や財産の内容・金額を踏まえた慎重な検討が必要です。

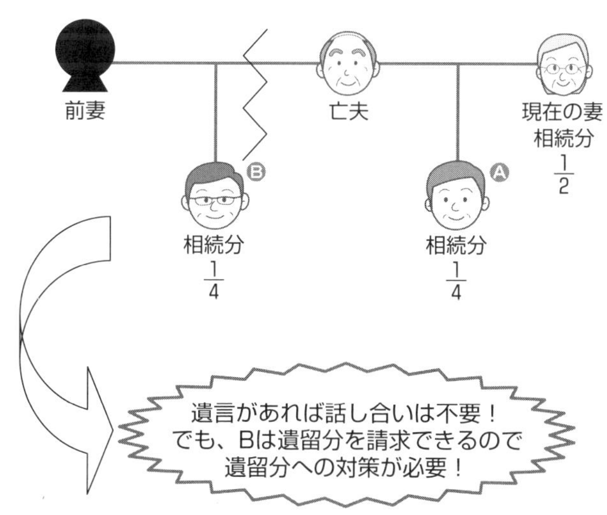

3　他にもあるトラブルに注意

さらに、この事例でトラブルになったのは、遺産をどう分けるかだけではありませんでした。なかには、お葬式や遺骨をめぐってトラブルになることもあるのです。この事例では、お葬式をどちらがあげるかが決まらず、結局は妻・Aと、Bとが別々にお葬式をあげることになりました。また、過去には、お葬式が終わった後に遺骨の取り合いになったという悲惨なケースもありました。

このように、過去に離婚を経験している場合は相続トラブルに発展する可能性が高いので、しっかりと事前の対策をとっておく必要があります。

4　遺言書のすすめ

これまでに紹介した事例の他に、遺言を残した方がいいケースを次ページに紹介しています。これらのケース以外でも、自分の想いや気持ちを遺された親族に伝えておきたいのであれば、ぜひ遺言書を作っておきましょう。

再婚と相続について考える

離婚ではなく再婚する場合にも相続をめぐる問題が残ります。つまり、再婚後の配偶者に相続権が発生することから、前妻（夫）との間の子供にとっては相続分が減少するという切実な問題が生じます。そのことが理由で子供から再婚に難色を示されたという話も聞きますから、再婚も簡単ではありません。

この問題を解決するには、やはり遺言が有効ですが、配偶者には遺留分がありますから、そのことを念頭に置いておく必要があることは本文で述べた事例と共通しています。

◎ 遺言を残したほうが良いケース

● 財産がほぼ自宅のみ

相続人が同居している自宅は、簡単に売却して現金にすることができません。相続人間で共有にしても、将来に問題を先送りするだけです。

● 息子の嫁が熱心に介護してくれた

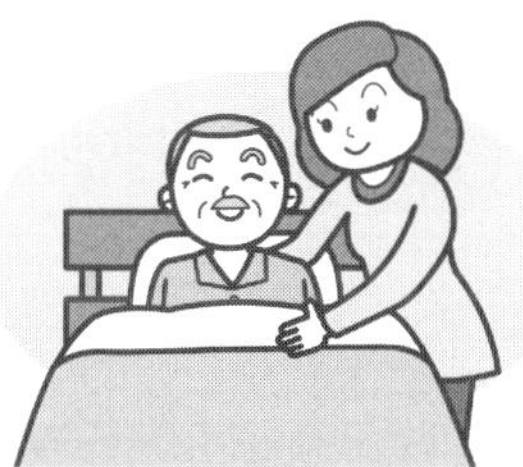

息子の配偶者には相続権がありません。法改正により、特別寄与料の請求をすることができるようになりましたが（**1—7**参照）、やはり遺言書を作っておくべきでしょう。

● 長年連れ添っているが、入籍はしていない

たとえ長年一緒に生活していても、入籍をせず内縁関係のままであれば相続権は生じません。

● 内縁の妻との間に子供がいるが、認知していない

婚外子の認知は遺言によってもすることができます。また、婚外子の相続分を多くしたいときも遺言書が必要です。

● 再婚した妻に連れ子がいる

連れ子は、その事実を知らされずに成人することがありますが、たとえ家族として生計を同じくしていても、養子縁組をしていなければ相続権は生じません。

● 先妻との間の子供に財産を残したい

先妻の子も親にとっては同じ子供、相続権も同じです。ただし、子供同士の感情などを考えると、遺言書は必要です。

● 障がいのある子供に多く財産を残したい

障がいの有無は法定相続分に影響を及ぼしません。さらに、障がいの程度によっては遺産分割協議には子供に代わって後見人が参加することになり、法定相続分を確保する必要があります。

● 先祖代々の土地や事業を特定の者に相続させたい

自宅同様、先祖代々の土地は分割・換金が難しいですし、事業承継者以外が事業用財産や株式を相続すると、事業の継続そのものが危うくなる可能性があります。

● 相続人以外の世話になった人に財産を渡したい

相続人以外に財産を渡したい場合には、遺言書が必須です。

4－7 遺言書作成ワンポイント・アドバイス

1 より効果的な遺言書の作成

4－4 で遺言書が争族対策に有効な旨を説明しました。しかし、遺言書は作りさえすれば良いというものでは決してありません。遺言書があるばかりに、かえってトラブルを招く恐れもあります。良かれと思って作った遺言書が、トラブルの種になったのでは元も子もありません。

そこで、禍根を遺さないための上手な遺言書作りについて、ワンポイント・アドバイスをしておきます。

2 遺言書は公正証書で作成

遺言書を作る場合に、まず考えるべきなのが、自分で作るのか、公正証書で作るのかという点です。

それぞれの特徴を下記にまとめていますが、遺言書はやはり公正証書で作成するべきです。

確かに、公正証書遺言の作成には、5万円～15万円程度の公証人の手数料がかかりますが、法律の専門家に作ってもらった書面と自分で作った書面とでは、法的な信用力が全く異なります。後になって、せっかく作った遺言書の効力が認められないといった事態や、内容に不備や漏れが見つかったといったことがないように、遺言書は公正証書で作成しておきましょう。

	(1) 自筆証書遺言	(2) 公正証書遺言
作り方	自分で作る	公証人に作成してもらう
メリット	費用がかからない	法的効力が強い
デメリット	法的効力を巡って争いになることがある	公証人の手数料がかかる

3　遺言執行者の指定

２つ目のポイントは、遺言書において遺言執行者を指定しておくことです。遺言執行者とは、簡単にいうと、遺言書に書いているとおりに財産を分ける業務を執り行う人です（遺言の執行については**6－9**も参照）。

遺言執行者が指定されていなければ、遺言書があったとしても相続人が協力して手続きを進めることになります。そのため、不動産を相続人以外の人に遺贈する場合には、相続人全員が登記申請の義務者となるため、もし協力してくれない相続人がいた場合、手続きが滞る可能性があります。また、遺言執行者が指定されていない場合には、払い戻しに相続人全員の実印を要求する金融機関もあるようです。

遺言執行者には、自分の子供を指定するケースも見受けられますが、その子供は、遺言執行者として中立な立場が求められますし、法律的な専門知識が必要になります。また、一方では相続人として財産をもらい、一方で遺言執行者として中立な立場で財産を分ける業務を執り行わなければならないという難しい立場になる恐れがあります。

そのため、遺言執行者の指定は専門知識を持った第三者にしておく方がいいでしょう。

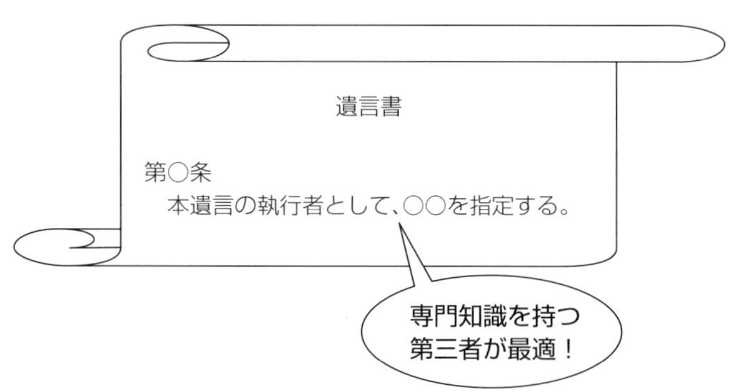

4　予備的遺言の設定

予備的遺言の設定も重要なポイントになります。予備的遺言とは、遺産をもらう予定の人が遺言者より先に死亡した場合（同時死亡の場合も含みます）に、他の代わりの人に渡す旨を定めておくことです。いわば、もらう予定の人を二段構えにしておくわけです。

予備的遺言がない場合に、万が一、もらう予定の人が先に亡くなっていたときには、遺言書の中でその人に渡すと定めていた部分は無効になります。そのため、その人に渡す予定だった財産を誰がもらうのか、改めて相続人全員で話し合いをしなければならなくなります。

もらう予定の人といえば、自分の子供のケースが多いと思います。子供もが自分より先に亡くなるなど想像したくないかもしれませんが、病気や交通事故など、いつどんなことが起こるかわかりませんから、万が一の場合に備えておくことも周到な遺言書作りには不可欠といえるでしょう。

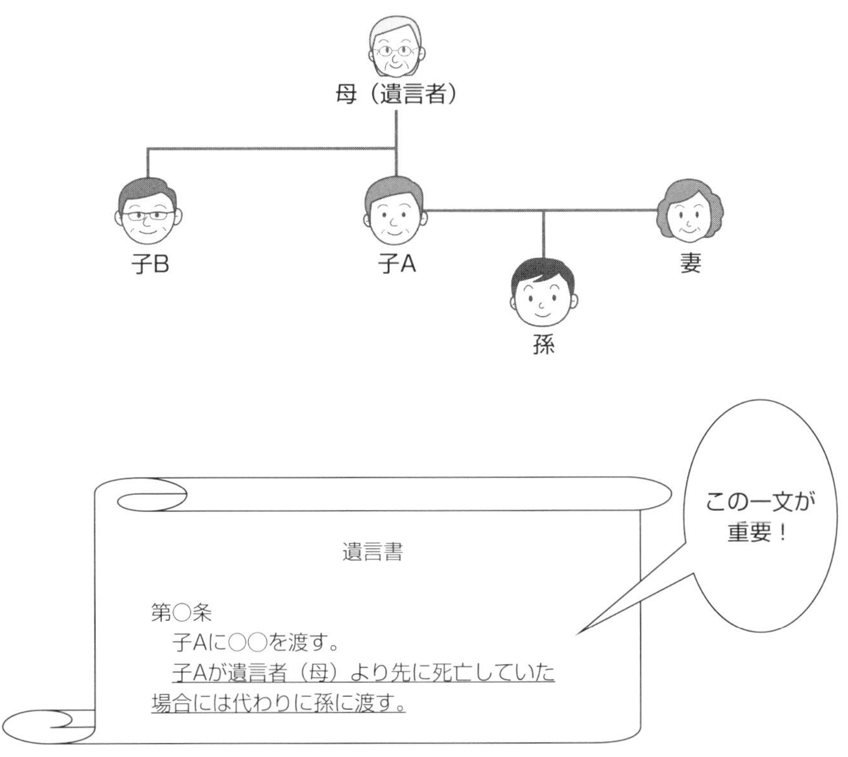

4－8 民事信託を活用した争族対策

★★★

1 信託活用のすすめ

争族対策で重要なことは、相続人がもめないように事前の手当てをしておくことに尽きます。相続発生後に相続人の間で円満に遺産分割協議が調えば問題ありませんが、残念ながら必ずしもそうではないのが実情です。

そこで、あらかじめ遺言を書いておいて被相続人の意思（遺志）を明確にしておくということも考えられますが、遺言は相続人の分割協議によって反故にされるリスクがありますし、遺言で引き継いだ後の財産の使いみちや処分方法について制限を加えることはできません。さらには、引き継いだ後のさらにその後の引き継ぎ先を指定することもできないため、遺言書は常に万全の策であるとはいえません。

この点、信託を活用すると、委託者の資産は相続前から受託者に移転し、受託者によって管理ないし運用されることから、委託者が高齢の場合、認知症や脳の疾患などの不測の事態に備えるという点からも安心できます。また、委託者が当初の受益者となる信託（自益信託）としておけば、委託者は資産を所有しているのと変わることなく信託財産が生む果実を得ることができます。

そして、相続が発生した際に、委託者である被相続人が有する受益権は、信託契約の定めるところに従って新たな受益者に移転して、相続が首尾良くはかどることになります。さらに、新たな受益者が得る受益権の額が他の相続人の遺留分を侵害しないよう慎重に信託を設計して、その旨を信託契約に謳っておけば、遺言に勝る効果が期待できるというわけです。

2 信託活用の一例

「子供に賃貸マンションの管理を任せて、自分が亡くなったらそのまま

その子に引き継いでもらいたい」…《A》

「子供がいないため、自分の財産はすべて妻が相続するが、妻が亡くなった後は妻の兄弟に相続させず、自分の兄弟に相続させたいのだが」…《B》

さて、このような場合に、どうすれば解決が可能になるのでしょうか。

《A》の場合には、口頭で子供に財産の管理を任せることはできますが、第三者はそれを目に見える形で確認することはできませんし、管理を頼んだ当人の判断能力が低下してしまった後は、そもそも本当に管理を任せていたのかすら確認できなくなります。

《B》についても、妻に遺言書を書いてもらい、「自分が亡くなった場合には夫の兄弟へ遺贈します」としてもらっても、妻は遺言書をいつでも自由に書き換えることができますので、夫の兄弟に渡らない可能性も否定できません。

このような不安定な状況を解決する手立てとして信託に注目が集まっています。信託を活用することで、自分の思いどおりに財産を残すことができるのです。

3 信託の仕組みと課税関係

(1) 信託の仕組み

信託とは財産を持っている人（委託者）がその財産を受託者に託して、管理や処分を任せる（信託する）ことをいい、受託者はその財産を信託契約の指示に従って管理・運用し、その財産から生じた利益を受益者が受け取ります（次ページ図参照）。

このように、財産を所有・管理する人と利益を受ける人を分けることができる点が信託の最大の特徴であり、委託者は受益者を自由に選ぶことができます。さらに遺言と違って最初の受益者が亡くなった後の受益者についても30年先まで連続して指定することができます。

ですから、例えば《A》の事例では、受託者を子供、委託者兼受益者を自分にして、自分が亡くなったら信託を終了させて賃貸マンションをその子供に引き継ぐ内容の信託契約を設定すれば、財産の管理を子供に任せつつ、

◎ 信託の仕組み

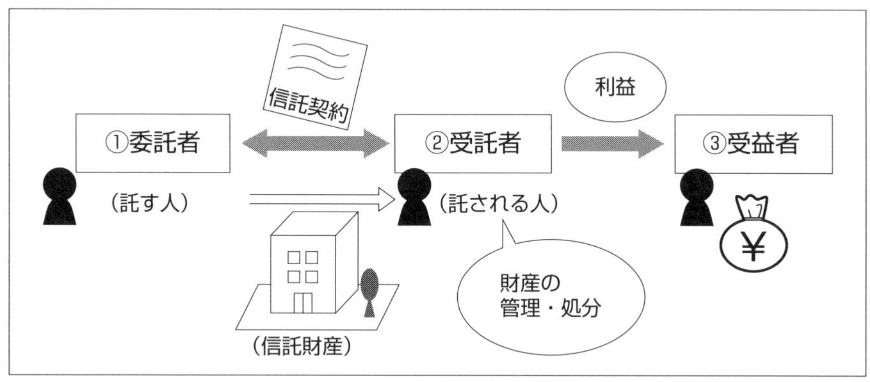

最終的な財産の行き先まで決めておくことができますし、《B》の事例でも、妻が亡くなった後の受益者を自分の兄弟とするようにあらかじめ指定（これを受益者連続型信託といいます）することによって自分の思いを遂げることが可能になります。

⑵　信託の課税関係

信託が設定・実行されると委託者から受託者に財産の名義が変更され、受託者がその財産の所有者となるため、無償で財産を取得したことによって受託者に贈与税や相続税が課税されそうです。しかし、税務上は、その財産から生じる利益を実質的に受ける受益者が財産の所有者であると考え、受益者が信託の利益を受ける権利を取得したときに委託者から受益者への贈与または遺贈があったものとみなします。

さらに、受益者は信託財産である資産や負債から生まれる収益や費用について、毎年所得税の申告をする必要があります。

また、信託した不動産から生じた損失は、信託していない財産や別の信託契約によって信託されている財産から生じた所得との損益通算ができませんし、翌年以降への損失の繰り越しができない点にも注意が必要です。

なお、《A》の事例のように委託者が受益者を兼ねる場合（自益信託）には、実質的に利益を受ける人が変わらないため、贈与税や相続税の課税はありません。

◎ 信託の課税関係

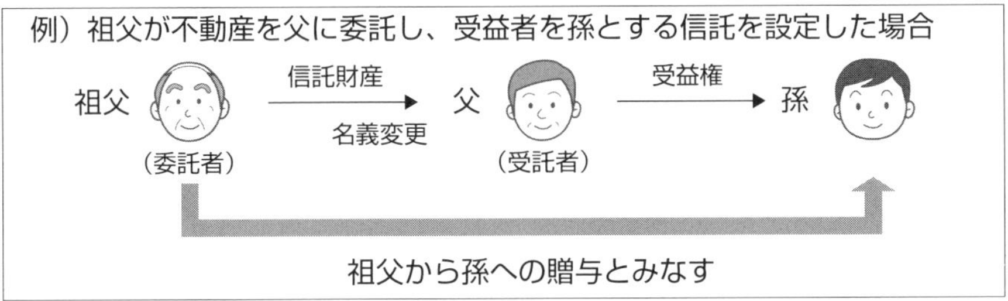

このように、信託が設定されるとその後の不動産から生まれる家賃収入を祖父から孫に移すことができますが、受益者となる孫には贈与税がかかるため、不動産そのものを祖父から孫に生前贈与する場合と比べて、特に節税効果があるわけではありません。

したがって、信託を選択することは相続税や贈与税の軽減対策というよりも、自分が希望するとおりに財産の管理を任せて、そしてその財産を承継させる方法といえます。

4 遺言信託と遺言代用信託

争族対策として注目されている信託ですが、世間で見聞きする機会が多いものに「遺言信託」と「遺言代用信託」があります。

遺言信託とは、基本形が遺言で「遺言の中で信託の仕組みを設定するもの」です。したがって、本人が死亡するまでは信託の効力は生じません。本人の死亡によって効力が生じ、そこから信託の仕組みがスタートすることになります。

一方の遺言代用信託は、信託を基本形とする契約による財産管理の手法です。したがって、本人の生前から信託契約を発効させて財産管理を行いながら、本人が亡くなった後の次代の受益者を指定しておくことによって信託による財産管理を継続します。つまり、信託契約に遺言の機能も持たせたものですから、文字どおり「遺言の代わり（代用）になる信託」というわけです。

ところで、両者の知名度が高い理由は、信託銀行をはじめとする金融機関が積極的に宣伝していることが一因と思われます。ある信託銀行のホームページでは、遺言信託について「当行の遺言信託は、遺言に関する事前のご相談から、公正証書遺言の保管、そして遺言の執行までを、遺言の執行者としてお引き受けする業務です。」と紹介しています。つまり、遺言書の作成アドバイスとその保管や執行といった一連の業務をパッケージ化しただけのサービスで、本来の信託とは似て非なるものであることに注意しておかなければなりません。

また、ある地方銀行が提供する遺言代用信託についての紹介文は、「当行の遺言代用信託は、お客さまに万一のことがあれば受取人さまに対し、お預りしている信託財産（預金）を一括で払い戻しいたします。葬儀費用や当面の生活費などに必要なお金を、受取人さまにいちどにお渡しすることができます」となっています。つまり、遺言の代わりに契約を結んで預金を管理するというサービスです。相続時のトラブルの１つとして、口座が凍結されて葬儀費用などの支払いに困ったという話をよく聞きますが、そうしたトラブルに備えた商品のようです。しかし、この商品も本来の信託とは似て非なるものといってよいでしょう。

5　その他の信託活用例

その他には、先妻の子と後妻がいる場合の信託活用例が考えられます。

後妻を受益者とし、先妻の子を受託者および後妻が亡くなった後の帰属権利者とすることにより、後妻の生活は保証しながら、後妻が財産を処分することや後妻の親族に財産が渡ることを防ぐことができます。

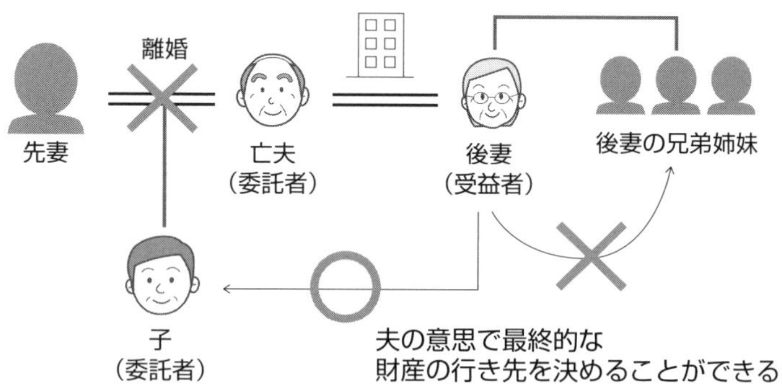

コラム エンディングノートを書いてみよう

1 エンディングノートとは

エンディングノートは遺言ではありません。いわば「メッセージ帳」です。例えば、葬儀はどうして欲しいか、とか介護の方法や延命治療の是非など、万が一のことがあったときに、家族が困らないようにするための備忘録といってもよいでしょう。銀行の通帳や保険証券といった貴重品の保管場所をはじめ、親族の連絡先をまとめて記しておくことで、ご自身のメモ代わりに使うこともできます。ネット社会の現代では、メールやSNSのアカウントを記載しておくのも必要でしょう。また、幼い頃の思い出の写真や普段はなかなか口に出せない家族へのメッセージを綴っておくことでアルバムや日記の代わりにすることもできます。

エンディングノートに、決まりはありません。いつでも書き足し、書き直しができます。一度に仕上げる必要もありません。気楽に日記を書くつもりで始めてみませんか？

2 残された家族が困惑しないために…、人生の集大成に…

エンディングノートは「人生の終幕の日」を迎えたときに、愛する家族や親しい友人達に負担をかけず、そして、自分が体験してきたことを、次世代に書き残すためのものです。これから定年を迎えられる世代の方も、充実した第二の人生を過ごされている方も、普段の生活の中で、ほんの少しの時間だけ立ち止まって、これまでの自分とこれからの自分を見つめてみてはいかがでしょうか。遺言書のように法的な拘束力はありませんが、残された家族が困惑しないために、そして、すばらしい人生の集大成を自分で演出するために、エンディングノートを活用してみましょう。

日本相続知財センター では、オリジナルのエンディングノートを差し上げています。ご希望の方は、同センター京都支部（253ページ）へおハガキに「エンディングノート希望」と明記の上、お申し込みください。

第３節　相続税の節約大作戦

4－9　暦年贈与なら110万円まで非課税 ★

1　そもそも贈与とは何か

一般的に贈与は金品を人に贈ることですが、法律上の贈与は、贈与をする側の「あげる」という意思表示と贈与を受ける側の「もらう」という意思表示の双方があって初めて成立します。そのため、親が子の名義の銀行口座に毎年預金をして金銭の贈与をしていても、子がその預金の存在を知らない場合は、法律上の贈与は成立しないというわけです。

2　贈与税の仕組みを知る

贈与税は、個人から財産の贈与を受けたときにかかる税金です。したがって、会社などの法人から財産を贈与されても贈与税はかかりません（この場合には、贈与税ではなく所得税がかかります）。

また、贈与税の課税方法には暦年課税と相続時精算課税の２種類の仕組みがあります。後者の相続時精算課税については次の**4－10**で詳しく解説します。

暦年課税による贈与税は、１月１日から12月31日までの１年間に贈与された財産の合計額から基礎控除額の110万円を差し引いた金額に対してかかります。したがって、１年間に贈与された財産の合計額が110万円以下であれば贈与税はかかりません。

なお、この基礎控除額は、贈与をした人ごとに110万円というわけではなく、贈与を受けた人ごとに１年間で110万円となりますので注意してください。

具体的な贈与税の計算方法は、次のようになります。

◎ 贈与税の計算式と速算表

（1年間にもらった財産の合計額 － 基礎控除額110万円）
× 税率 － 控除額 ＝ 贈与税の額

(1) 直系尊属（親や祖父母など）から成人した子・孫が財産の贈与を受けた場合(※)

基礎控除額控除後の財産の合計額	税率	控除額
200万円以下	10%	－
400万円以下	15%	10万円
600万円以下	20%	30万円
1,000万円以下	30%	90万円
1,500万円以下	40%	190万円
3,000万円以下	45%	265万円
4,500万円以下	50%	415万円
4,500万円超	55%	640万円

親から財産の合計額が600万円の贈与を受けた場合の贈与税の計算例

（600万円－110万円）×20%－30万円＝68万円（納付する贈与税）

(2) (1)以外の場合

基礎控除額控除後の財産の合計額	税率	控除額
200万円以下	10%	－
300万円以下	15%	10万円
400万円以下	20%	25万円
600万円以下	30%	65万円
1,000万円以下	40%	125万円
1,500万円以下	45%	175万円
3,000万円以下	50%	250万円
3,000万円超	55%	400万円

親から財産の合計額が300万円の贈与を受け、かつ、親や祖父母以外から財産の合計額が300万円の贈与を受けた場合の贈与税の計算例

300万円＋300万円－110万円＝490万円

$$(490万円\times 20\% - 30万円)\times\frac{300万円}{600万円}=34万円$$

$$(490万円\times 30\% - 65万円)\times\frac{300万円}{600万円}=41万円$$

34万円＋41万円＝75万円（納付する贈与税）

※　成人しているかは、贈与を受けた年の１月１日の年齢で判定します。
　また、2022年４月１日に、成年年齢が18歳に引き下げられますが、18歳の子や孫に対して(1)の税率が適用されるのは2022年４月１日以後の贈与に限られます。

贈与税の申告と納税については、贈与を受けた人が、贈与を受けた年の翌年２月１日から３月15日までの間に行うことになっています。

3　贈与税がかからない財産

次のような財産については、その財産の性質や贈与の目的などから贈与税がかからないこととされています。

◎ **贈与税がかからない財産（非課税財産）**

①	扶養義務者から贈与を受けた教育費や生活費で社会的に妥当な範囲内の額
②	宗教、慈善、学術などの公益事業を行う人が贈与により取得した公益事業財産
③	障害者やその扶養義務者が贈与により取得した心身障害者共済制度に基づく給付金を受ける権利
④	特定の公益信託から交付される学資金など
⑤	公職選挙法の候補者が選挙運動に関して贈与を受ける財産（ただし、公職選挙法に基づく報告をしたもの）
⑥	香典、花輪代、年末年始の贈答、祝物、見舞いなどのための金品で社会的に妥当な範囲内の額
⑦	相続があった年に被相続人から贈与を受けた財産（相続税がかかるので贈与税はかからない）
⑧	重度の障害者(特別障害者)が贈与により取得した特別障害者扶養信託契約に基づく信託受益権のうち6,000万円までの部分（中軽度の場合は3,000万円まで）
⑨	一定の要件のもとで配偶者が贈与を受けた居住用不動産のうち2,000万円までの部分（**4−11**参照）

＊このほかに、住宅取得等資金の贈与にかかる贈与税の非課税制度（**4−12**）や教育資金の一括贈与にかかる贈与税の非課税制度（**4−13**）、結婚・子育て資金の一括贈与にかかる贈与税の非課税制度（**4−14**）があります。また、相続時精算課税制度では生前贈与の非課税枠が2,500万円（**4−10**）あります。

4 贈与とみなされるケース

法律上の贈与は、贈与をする側の「あげる」という意思表示と贈与を受ける側の「もらう」という意思表示の双方があって初めて成立すると説明しました。しかし、こうした本来的な贈与のほかに、実質は贈与と同等の経済的利益を受けた場合には直接財産を贈与されていなくても、贈与があったものとみなして贈与税がかかることがありますので要注意です。具体的には、次のような場合に贈与があったものとみなされます。

◎ 税務上贈与とみなされる「みなし贈与」

保険料負担者以外の人が満期保険金を受け取った場合	被保険者である夫が保険料を負担し、満期保険金を妻が受け取ったら、その保険金は夫から妻への贈与とみなされます。
著しく低い価額で財産を譲り受けた場合	親が所有する時価１億円の土地を破格値の5,000万円で子が譲り受けた場合、その差額分は贈与とみなされます。
借金を免除してもらった場合	借金を親に肩代わりしてもらったら、親から贈与を受けたとみなされます。
その他の経済的利益	上記以外に、無償や著しく低い対価で利益を受けたときは、贈与を受けたとみなされる場合があります。

個人と法人で異なる贈与課税

贈与は個人間だけで行われるとは限りません。個人と法人、または法人間での贈与もあり、それぞれ課税関係も次のように異なります。

贈与関係		課税関係	
贈与者	受贈者	贈与者	受贈者
個人	個人	課税なし	贈与税課税
個人	法人	所得税課税	法人税課税
法人	個人	法人税課税	所得税課税
法人	法人	法人税課税	法人税課税

4-10 相続時精算課税の利用を考える

★★

1　もうひとつの贈与税の仕組み

贈与税の課税方法には、暦年課税と相続時精算課税の２つがあることは、**4－9**で説明しました。

暦年課税は、一年ごとに贈与財産に対する贈与税が課税されますが、相続時精算課税制度は、生前贈与について、贈与を受ける人の選択により、贈与時に贈与財産に対する贈与税をいったん前払いし、その後の相続時にその贈与財産と相続財産とを合計した金額をもとに計算した相続税額から、既に支払った贈与税を控除することにより贈与税と相続税を通じた納税をする制度です。

この制度を選択すると、選択後の贈与について、相続開始まで複数回の贈与が可能で、通算2,500万円の贈与税非課税枠が与えられます。そして、贈与財産の累計が非課税枠を超える場合は、その超えた金額に一律20%の税率をかけて贈与税額を算出します。

◎ 相続時精算課税の仕組み

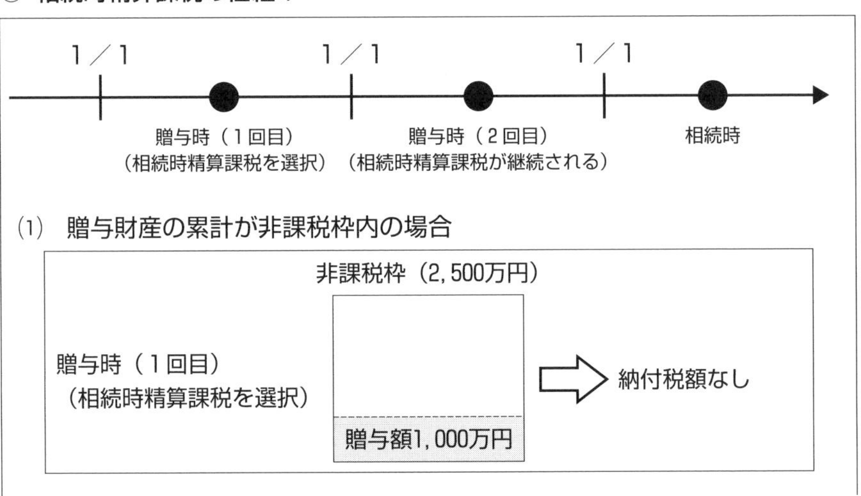

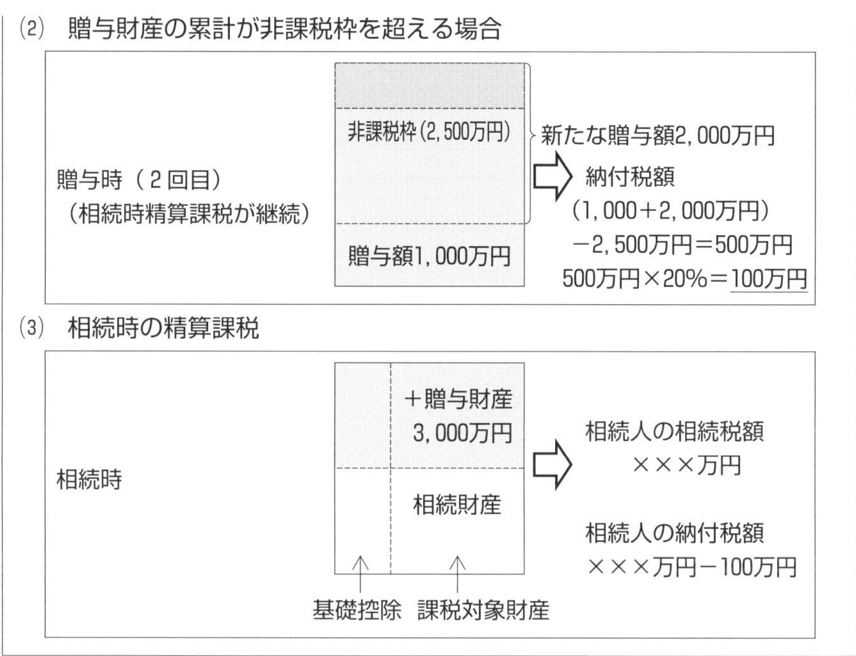

2　相続時精算課税を利用するときの留意点

相続時精算課税の選択は、贈与を受ける子や孫それぞれが、贈与を行う父母や祖父母ごとに選択することができます。

例えば、長男は父からの贈与については相続時精算課税を選択し、母など父以外からの贈与については通常の暦年課税とします。一方、長女は父と母の両方の贈与とも相続時精算課税を選択し、両親以外からの贈与については通常の暦年課税とするといった具合です。（次ページの図参照）

ここで留意しておきたいことは、一度相続時精算課税を選択したら、以後は選択した贈与者の相続開始時まで取り消すことができず、継続して適用されるということです。つまり、上記の例の場合、長男は父からの贈与について相続時精算課税を選択した後は、父との間での贈与は110万円の基礎控除は使えないということになります。ただし、父以外の人からの贈与については、暦年課税による贈与となり、110万円の基礎控除枠で贈与税を算出することになります。

◎ 相続時精算課税と暦年課税の組み合せ

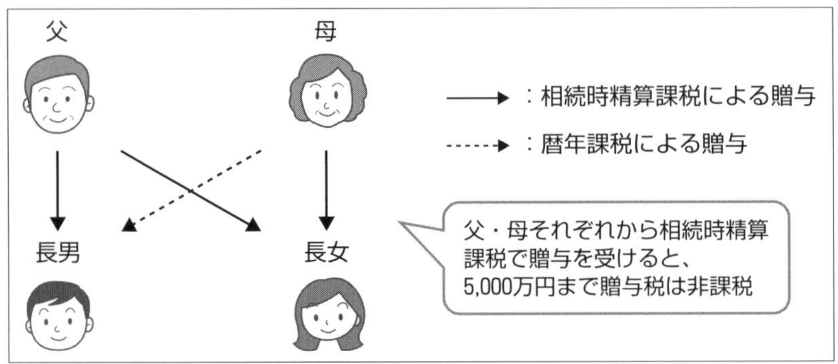

相続時精算課税を選択するためには、次のようないくつかの要件を満たしていることが必要となります。

◎ 相続時精算課税を利用するための要件

相続時精算課税の選択適用対象者
（年齢は贈与の年の１月１日現在のもの）（※）
・財産を贈与した人　　→60歳以上の親および祖父母
・財産の贈与を受けた人→成人した子である推定相続人および孫

一度選択すると暦年課税には戻れません！

相続時精算課税を　選択する／選択しない

相続時精算課税（選択する）

①贈与財産の金額から控除する金額
特別控除額　　2,500万円（累計）
②税額
特別控除額を超えた部分に対して一律20%の税率

暦年課税（選択しない）

①贈与財産の金額から控除する金額
基礎控除額　毎年110万円
②税額
課税価格に応じた贈与税の速算表で計算

この制度を選択する場合、贈与を受けた人（子・孫）は、贈与をした人（父母・祖父母）からそれぞれ最初に相続時精算課税による贈与を受けた年の翌年２月１日から３月15日までに、所轄税務署長に相続時精算課税選択届出書を贈与税の申告書とともに提出しなければなりません。

※　2022年４月１日に成年年齢が18歳に引き下げられますが、18歳の子・孫に対しては2022年４月１日以後の贈与に限られます。

◎ 相続時精算課税制度を選択する際の注意点

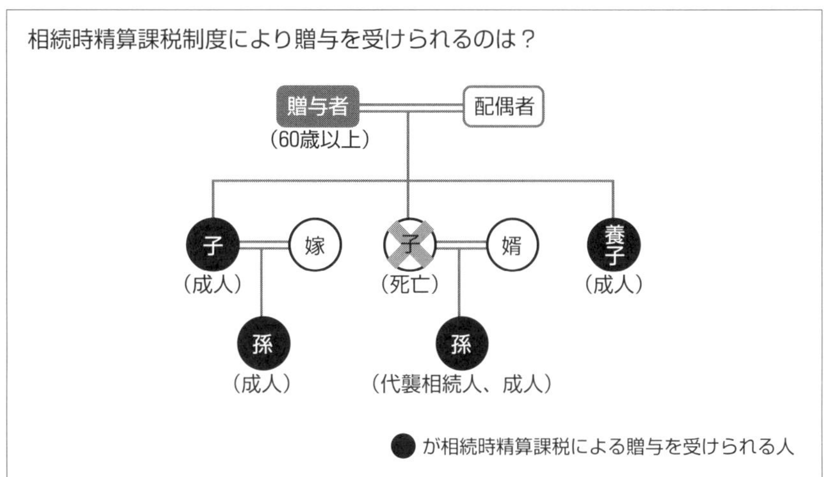

3 まとまった財産を贈与する時の威力

相続時精算課税制度は2,500万円の大きな非課税枠があり、それを超えた贈与額分は、一律20%の贈与税で済みますので、まとまった財産を生前に贈与することができます。

例えば賃貸不動産（建物）を贈与した場合は、そこから得られる毎年の賃貸収入を次世代に早期に移転することで所得の分散を図ることができ、所得税を減らす対策も行えます。また、高齢世代の財産が累積していくことを回避することで、相続財産の増加を防ぐことになるとともに、次世代に財産を移転させることによって将来の相続税の納税資金の準備をすることにもつながります。さらに、特定の財産をあげたい人に生前に財産を移転させることによって遺言の代用効果も期待できます。

4 贈与を受けた財産が滅失してしまった場合

暦年課税により贈与された財産が、贈与を受けた人の故意によらず滅失した場合には、たとえ3年以内の贈与財産であっても、もともと贈与はなかったものとして相続財産には加算されません。

しかし、相続時精算課税により贈与された財産については、贈与を受けた人の故意によらず滅失した場合でも贈与を受けたときの金額により相続財産に加算されるため、贈与された財産の管理には注意しておきたいところです。

相続時精算課税の光と影

本文中でも述べたとおり、相続時精算課税制度を利用することで次世代への財産移転の促進や争族対策になることは確かですが、以下のような点には注意しておきたいところです。

① 制度は一度選択したら撤回できない

② 小規模宅地等の特例との併用ができない

③ 贈与時の贈与税負担はなくても、相続時の相続税負担はあり得る

④ 贈与であるため、不動産の所有権移転にかかる登録免許税が相続の場合にくらべて割高になる

⑤ 贈与であるため、不動産取得税の負担が避けられない

⑥ 制度を利用して生前に贈与された財産は物納できない

⑦ 将来の税制改正によって不利になることもある

4-11 長年連れ添った配偶者へのプレゼント ★★

1 贈与税の配偶者控除

贈与税には、長年連れ添った夫婦間で自宅や居住用不動産の購入資金を贈与した場合、基礎控除額の110万円とは別に2,000万円が控除される「贈与税の配偶者控除」という特例が設けられています。この特例を利用すれば、夫名義の自宅のうち特例控除額と基礎控除額を合わせた2,110万円分を妻に贈与しても贈与税はかからないというわけです。

ただし、この特例を利用するにあたっては、一定の要件を満たす必要があり、たとえ税額がゼロになる場合でも贈与を受けた年の翌年３月15日までに必ず贈与税の申告を行わなければなりません。

なお、この特例は同一の配偶者からは一生に一度しか利用することができず、数年に分けて利用することもできません。したがって、2,000万円のうち今年に1,500万円の贈与を受け、翌年に残りの500万円の贈与を受けたとしても、この特例の適用を受けられるのは最初の1,500万円だけとなります。

◎ 贈与税の配偶者控除の要件

①	婚姻期間が20年以上であること（内縁関係は除く）
②	贈与された財産が、配偶者が住むための居住用不動産または居住用不動産を買うための金銭であること
③	贈与を受けた年の翌年３月15日までに、居住用不動産または贈与を受けた金銭で取得した居住用不動産に、贈与を受けた配偶者が現に居住し、その後も引き続き居住する見込みであること

（注） 婚姻期間は、民法の規定に基づき婚姻の届け出があった日から贈与があった日までの期間により計算します。

2 贈与の対象となる居住用不動産

この特例における居住用不動産は、贈与を受けた配偶者が住むための国内の家屋またはその家屋の敷地となりますが、居住用家屋とその敷地は必ずしも一括して贈与を受ける必要はありません。居住用家屋のみあるいは居住用家屋の敷地のみの贈与を受けても配偶者控除を受けることができます。ただし、この居住用家屋の敷地のみの贈与について配偶者控除を適用する場合には、次のいずれかにあてはまることが必要です。

① 夫または妻が居住用家屋を所有していること
② 贈与を受けた配偶者と同居する親族が居住用家屋を所有していること

例えば、妻が居住用家屋を所有していて、その夫が敷地を所有しているときに妻が夫からその敷地の贈与を受ける場合や、夫婦と子供が同居していて、その居住用家屋の所有者が子供で敷地の所有者が夫であるときに、妻が夫からその敷地の贈与を受ける場合が該当します。

◎ **居住用家屋の敷地のみの贈与の具体例**

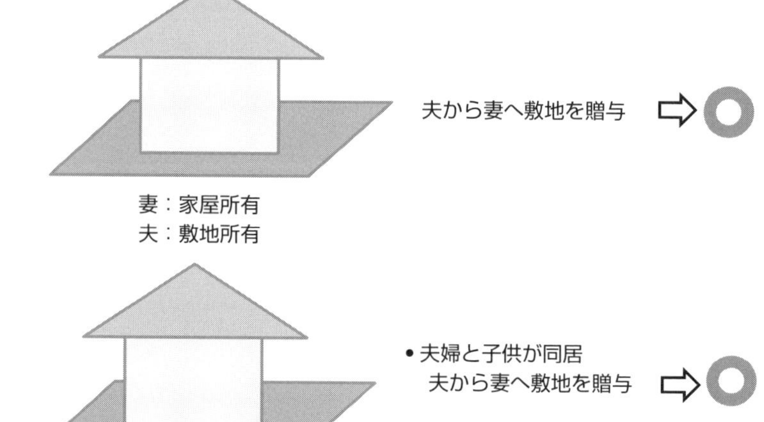

3　贈与は金とモノのどちらが有利か

ところで、居住用不動産の購入資金を贈与する場合にもこの特例を利用することができますが、購入資金として現金を贈与するのと居住用不動産である土地や建物そのものを贈与するのとでは、はたしてどちらが有利でしょうか。

ここでは財産の評価方法に注目しましょう。まず、現金の評価額はあくまでも額面どおりで、それ以上でもそれ以下でもありません。これに対して、土地は路線価によって評価し、また建物も固定資産税評価額を用いて評価します。そして、路線価は公示価格の8割程度に設定されているため、いわゆる時価よりも低くなることが多く、また建物の固定資産税評価額も建築代金や新築物件の売買金額より低くなります。つまり、金かモノのいずれが有利かについては、時価を下回る評価が可能なモノに軍配が上がるというわけです。

4　贈与税は無税でも…

この特例によって2,110万円まで贈与税は無税で自宅を配偶者に贈ることができますが、まったく無税かというと実はそうではありません。

贈与税はかかりませんが、贈与を行えば所有権移転登記のための登録免許税が必要となり、また登記後には不動産取得税が贈与を受けた配偶者に課税されます。配偶者に対する自宅の贈与は、このようなコストも考慮した上で実行してください。

5　3年以内贈与でも相続財産に加算されない

3－2で説明したように、贈与した人が亡くなった場合、亡くなる前3年以内に贈与された財産は相続税の計算上相続財産に加算される生前贈与加算という規定がありますが、この特例の適用を受けた控除額相当分の贈与財産は生前贈与加算の適用がなく、改めて相続税がかかることはありません。

6　将来の所得税対策

自宅を売却して売却益が出た場合、一定の要件を満たせばその売却益から最高3,000万円が控除される所得税の特例があります。この3,000万円控除の特例では、土地と建物の両方を夫婦共有で所有すれば、夫婦それぞれに3,000万円控除が適用されるため、自宅の売却益から夫婦合計で最大6,000万円の控除を受けることができます。そこで、贈与税の配偶者控除を利用して配偶者へ自宅の持分贈与を行っておけば、将来の売却時における所得税対策にもなります。

ただし、贈与を受けた自宅には贈与後も引き続き居住し続けなければならないという要件があるため、贈与後直ちに自宅を売却して3,000万円控除の特例を受けることはできません。あくまでも、将来に備えるためという観点から、自宅を夫婦共有名義にするための方法として贈与税の配偶者控除の利用を検討するとよいでしょう。

◎ 将来の売却に備えた持分贈与

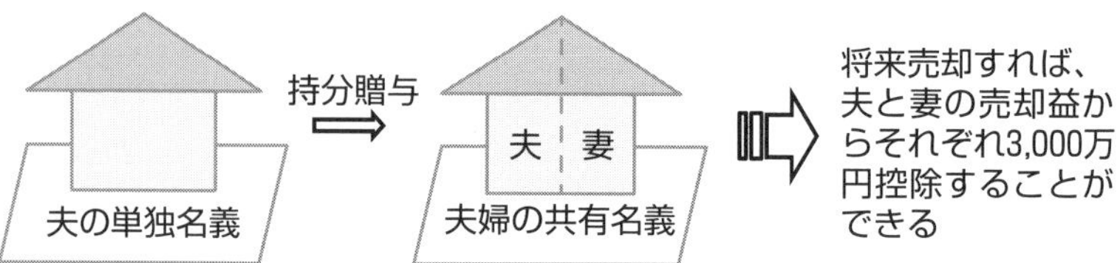

4-12 マイホームの夢を実現させる贈与

★★

1 住宅取得等資金の贈与税の非課税制度

いつの世でもマイホームは人々の夢ですが、この夢の実現にはまとまった資金が必要となります。この資金を工面するための方法は様々ですが、親などから援助してもらう場合には、贈与税のことが気掛かりです。そこで、この気掛かりな贈与税の問題をクリアするための手立ての１つとして活用したい制度が「住宅取得等資金の贈与税の非課税制度」です。

この制度は、子や孫の世代へ財産を早期に移転させることにより経済を活性化させることや省エネルギー性・耐震性を備えた良質な住宅を形成するという観点から、①父母や祖父母からマイホームを取得するための資金贈与を受け、②贈与を受けた年の翌年３月15日までに贈与を受けた資金でマイホームを取得し、③同日までに居住した場合には、贈与税の基礎控除110万円に加えて次の非課税枠が上乗せされるというものです。

なお、この制度の適用期限は2021年12月31日までとなっています。

◎ 住宅取得等資金の贈与にかかる非課税枠

非課税枠は、贈与を受けた日ではなくマイホーム取得に係る契約の締結時期と適用される消費税率により異なります。

イ　下記ロ以外の場合

住宅用家屋の取得等に係る契約の締結日	省エネ等住宅	左記以外の住宅
2016年１月１日～2020年３月31日	1,200万円	700万円
2020年４月１日～2021年12月31日	1,000万円	500万円

ロ　住宅用の家屋の新築等に係る対価等の額に含まれる消費税等の税率が10%である場合

住宅用家屋の取得等に係る契約の締結日	省エネ等住宅	左記以外の住宅
2019年１月１日～2020年３月31日	3,000万円	2,500万円
2020年４月１日～2021年12月31日	1,500万円	1,000万円

ここで、住宅取得等資金とは、贈与を受けた人自身の自宅を新築または購入する場合や、既存の自宅に一定の増改築を行う場合の対価に充てるための金銭のことをいいます。

2 住宅取得等資金の贈与税の非課税制度を受けるための要件

この制度を利用するためには次の要件を満たす必要があります。

◎ 住宅取得等資金の贈与にかかる贈与税の非課税特例の要件

贈与を受ける人の要件	(1) 父母や祖父母など直系尊属から住宅取得等資金の贈与を受けた年の1月1日において20歳以上であること (2) 贈与を受けた年の合計所得金額が2,000万円以下であること
家屋または増改築の要件	(1) 家屋の場合 ① 家屋の登記簿上の床面積が50㎡以上(贈与を受けた年の合計所得金額が1,000万円以下の場合は40㎡以上)240㎡以下で、その50%以上が居住用である住宅 ② 購入する家屋が中古の場合、木造は築後20年以内、耐火建築物は築後25年以内のもの(新耐震基準→建築年数に制限なし)
	(2) 増改築の場合 工事費用が100万円以上であり、増改築後の家屋の登記簿上の床面積が50㎡以上(贈与を受けた年の合計所得金額が1,000万円以下の場合は40㎡以上) 240㎡以下で、その床面積の50%以上が居住用である自宅の増改築

ただし、これらの要件を満たしていても、贈与を受けた人と特別の関係がある人、例えば親戚の人などから購入するようなケースでは、この特例を受けることはできません。

3 相続時精算課税との併用

住宅取得等資金の贈与税の非課税制度は暦年課税の贈与だけでなく、相続時精算課税による贈与の場合でも非課税枠が上乗せされます。2021年中の贈与の場合、暦年課税による贈与では最大1,610万円までですが、相続時精算課税の併用による贈与では最大4,000万円までは贈与税が非課税となります。

◎ 暦年課税と相続時精算課税との非課税枠の比較

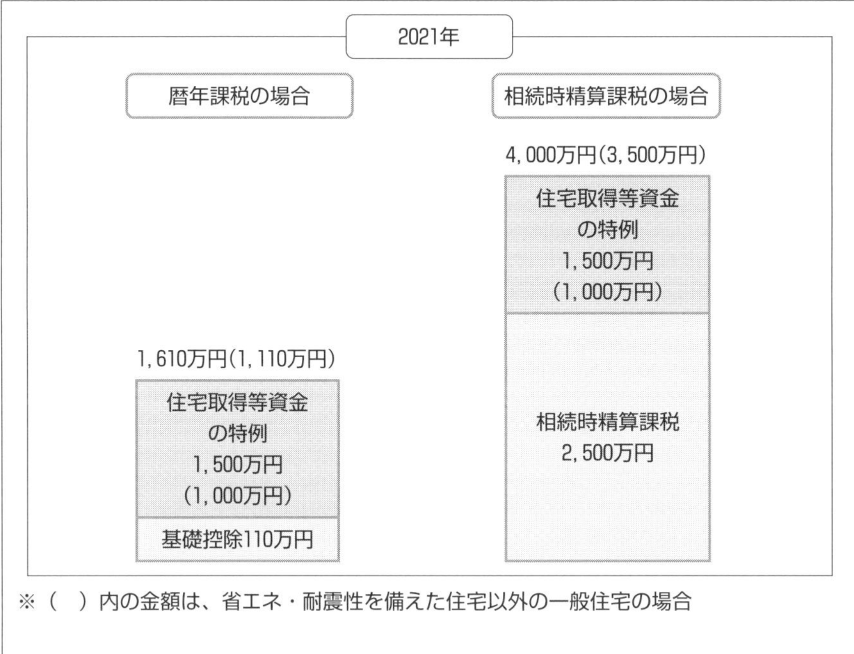

※( )内の金額は、省エネ・耐震性を備えた住宅以外の一般住宅の場合

さらに、2021年12月31日までに併用する場合は、贈与を行う親の年齢が60歳未満であっても相続時精算課税制度を選択することができます。

4 制度を組み合わせた賢い贈与

複数の制度を組み合わせることにより、賢くマイホームの取得資金を調達することができます。

例えば、次ページのパターン①のように相続時精算課税により2021年中に父から2,500万円、母から2,500万円、さらに住宅取得等資金の非課税枠1,500万円をあわせて最大6,500万円のマイホーム取得資金の贈与を受けることができます。

またパターン②では、父からの贈与については、相続時精算課税を利用して2,500万円の贈与を受け、母からの贈与については、暦年課税による住宅取得等資金の非課税制度を利用して1,610万円の贈与を受けると、あわせて4,110万円の贈与を贈与税の負担なしで調達することができます。その他にもいくつかのパターンが考えられるため、贈与を実行する前に複数のパターンを検討するのがよいでしょう。

また、パターン③のようにマイホームの頭金1,610万円の調達にこの制度を利用し、残りの資金は3,390万円の住宅ローンを利用して調達することも考えられます。この場合、住宅ローンについては、所得税の住宅ローン控除を受けることができます。

ただし、マイホームの取得資金として現金を贈与するより、親がその現金で建てた建物を贈与する方が財産評価上は評価額が低くなるため、資金の贈与か住宅そのものの贈与かどちらを利用するのがよいかという点も併せて検討したいところです。

◎ 複数の制度の組み合わせ例

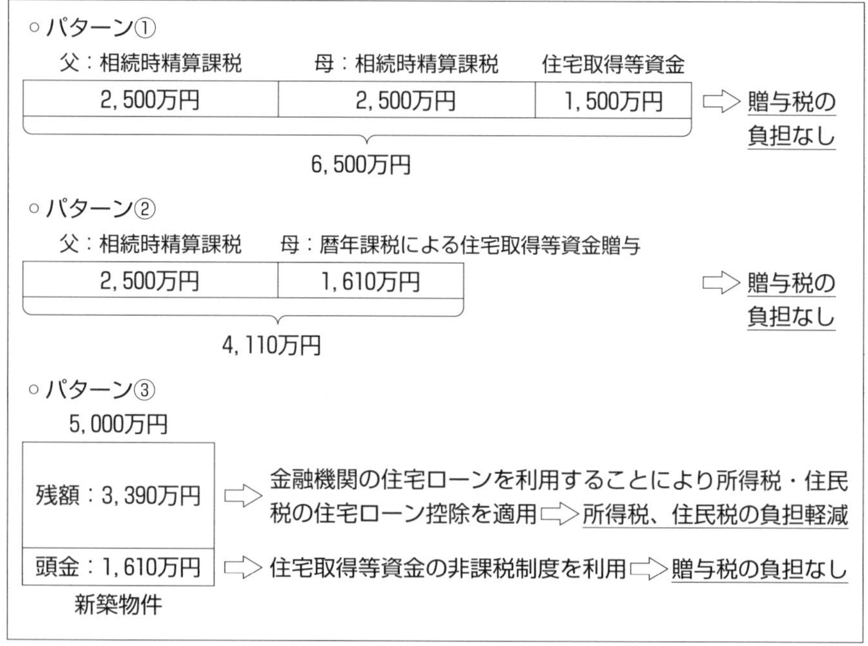

4-13 子や孫への教育資金の一括贈与が非課税

★★

1 教育資金の一括贈与を受けた場合の贈与税の非課税制度

通常、1,500万円の金銭を孫へ贈与すると、366万円もの贈与税が課税されてしまいますが、教育資金の非課税制度を使うと、子や孫へ1,500万円を無税で贈与することができます。

この制度は、高齢者の潤沢な資金を若い世代へ一括して移転させることができる上、その使途を教育費に限定することができますから、相続税軽減対策として有効であるだけでなく、子や孫に贈与した金銭の無駄遣いを防ぐ効果も期待できます。

◎ 制度の概要

受贈者	(1) 年齢要件 30歳未満 (2) 所得要件 贈与を受けた年の前年の合計所得金額が1,000万円以下
贈与者	受贈者の直系尊属（祖父母、父母等）
非課税金額	1,500万円まで (1,500万円のうち、500万円までは学校等以外へ支払った金銭も対象)
期間	2021年4月1日から2023年3月31日までの間にされた贈与
教育資金管理契約の終了	① 受贈者が30歳に達したとき ② 受贈者が死亡したとき ③ 口座の残高がゼロになり、かつ、教育資金口座に係る契約を終了させる合意があったとき

◎ 教育資金贈与の非課税制度の仕組み

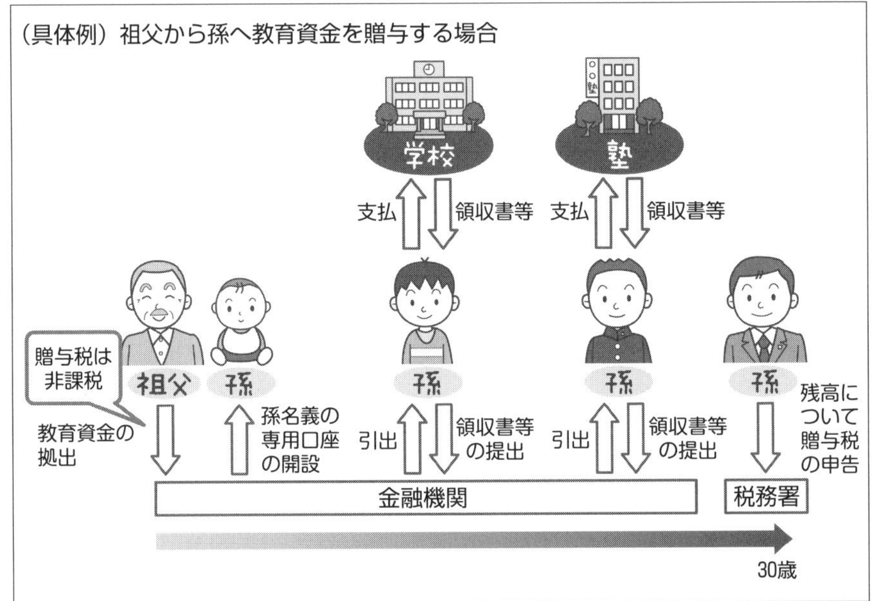

① まず、祖父が金融機関に1,500万円までの教育資金を拠出し、孫名義の専用口座を開設します。通常であれば、ここで贈与税が課税されるところですが、金融機関で手続きをすれば、贈与を受けた孫は税務署への手続等をすることなく、贈与税が非課税となります。

② その後、孫は学校等へ支払いをする都度、金融機関に領収書等を提出し、教育資金を引き出します。引出方法は、支払いをした後に教育資金口座から引き出す方法と、あらかじめ口座から引き出し、教育資金の支払いをした後に領収書を提出する方法のいずれかを選択することができます。

なお、2016年1月1日以降に提出する領収書等については、その支払金額が1万円以下で、かつ、その年間の合計支払金額が24万円以下のものについては、領収書に代えて、支払先・支払金額等を記載した明細を提出することが可能となりました。

2 教育資金の範囲

教育資金贈与の非課税制度の対象となる教育資金には、以下のような金銭が該当します。

(1) 1,500万円まで非課税となるもの

学校等に直接支払われる次のような金銭
① 入学金、授業料、入園料、保育料、施設設備費
② 入学、入園試験の検定料
③ 在学証明、成績証明その他学生等の記録に係る手数料等
④ 学用品の購入費、修学旅行費、学校給食費、通学定期、海外留学に係る渡航費、PTA 会費など、学校における教育に伴って必要な費用

(注) 学校等とは以下のものをいいます。

・幼稚園、小学校、中学校、高等学校、中等教育学校、特別支援学校、大学、大学院
・高等専門学校、専修学校、各種学校
・保育所、保育所に類する施設、認定こども園　など

(2) 500万円まで非課税となるもの

学校等以外の者に対して直接支払われる次のような金銭で社会通念上相当と認められるもの
① 教育（学習塾、家庭教師、そろばんなど）に関する役務の提供の対価や施設の使用料
② スポーツ（水泳、野球など）、文化芸術（ピアノ、絵画など）、その他教養の向上のための活動（習字、茶道など）に係る指導への対価
③ ①②の活動で使用する物品の購入費用で、その役務の提供や指導を行う者に直接支払われるもの
④ 教科書や学校指定の学用品の購入費、修学旅行費など、学校等が必要と認めたもの

(注) ①～③で23歳以上の受贈者に対して支払われるものについては教育訓練受講費用に限ります。

④については、領収書の他、学校等からの文書を金融機関に提出する必要があります。

(3) 対象とならないもの

① 下宿代
② 海外留学に係る滞在費
③ 部活動に関する物品購入費用で、学校や指導を行う者を通じて購入するもの以外のもの（個人で野球のグローブを購入する場合など）

ただし、いずれの費用も、学校等に直接支払われる費用である場合には、非課税の対象となります。

3 使い残しには課税のリスク

(1) 相続税が課税される場合

教育資金を使い切る前に贈与者が死亡したら、使い残した金額は贈与者の相続財産に加算され、その残額を含めて相続税が計算されます。

この場合において、受贈者が孫などであれば相続税額の 2 割加算が適用されます（**3－9** 参照）。

ただし、贈与者の死亡時点において、受贈者が次のいずれかに該当するときは、使い残しがあっても相続税は課税されません。

① 23歳未満
② 学校等に在学中
③ 教育訓練受講中

(2) 贈与税が課税される場合

子や孫などの受贈者が30歳になった時点で使い残しがあれば、その残額に対して贈与税が課税されます。

ただし、30歳になった時点で学校に在学していたり、教育訓練を受講していた場合には、まだ教育資金がかかる可能性があるため、使い残しがあっても贈与税は課税されません。

その後に学校を卒業したり、教育訓練を終了したりしたら、その年の12月31日時点の残高に対して贈与税が課税されます。また、40歳になったときには、たとえ在学や教育訓練の受講をしていたとしても、その時点の残額に対して贈与税が課税されます。

なお、(1)で既に相続税を支払っていた場合には、いずれの場合も贈与税は課税されません。

4 教育資金の一括贈与と都度贈与

親子や兄弟姉妹、祖父母などの扶養義務者から生活費や教育費に充てるための贈与で、通常必要と認められるものを必要な都度受け取る場合には、贈与税はかかりません。

しかし、贈与する人の健康状態が不安なときや、認知症のリスクがあるときは、この制度を利用することで、贈与を受ける人が大きくなるまでの教育資金を事前にまとめて非課税で贈与できます。そして、契約期間中において教育資金を使い切る前に相続が発生しても、贈与した人の相続財産に加算する必要はないため、その使い残しは教育資金として使い続けることができます。ですから、贈与した人に相続税がかかる場合は、相続税軽減対策として有効でしょう。

2018年度子供の学習費調査（文部科学省）によると、幼稚園から高等学校まで公立に行った場合の教育費は、合計541万円、すべて私立に通った場合には、1,830万円となっています。

必要な都度贈与するのか、30歳までの教育資金をまとめて贈与するのかは、贈与する人とそれを受ける人の年齢や状況に応じて判断しましょう。

4-14 子や孫への結婚子育て資金の一括贈与

★★

1 結婚・子育て資金の一括贈与を受けた場合の贈与税の非課税制度

教育資金贈与の非課税制度に似たものとして、結婚・子育て資金の非課税制度があります。

現在、日本は少子高齢化により人口減少が進んでいますが、その理由の1つとして将来の経済的不安から若者世代が結婚・出産を控えているということが挙げられています。そこで、父母や祖父母の財産を早めに移転して、子や孫の結婚や出産、子育てを支援するための制度が導入されました。

この制度は、贈与を受ける子や孫の結婚・子育て資金の支払いに充てるために、父母や祖父母等が金融機関に金銭を信託した場合には、子や孫1人につき1,000万円を非課税で一括贈与できるというものです。

贈与を受ける人は、結婚・子育てなどに要した費用の領収書等を金融機関に提出してその都度資金を引き出すか、前もって資金を払い出した後に領収書等を提出する必要があります。

◎ 制度の概要

受贈者	①　年齢要件 20歳以上（2022年4月1日以後は18歳以上）50歳未満 ②　所得要件 贈与を受けた年の前年の合計所得金額が1,000万円以下
贈与者	受贈者の直系尊属（祖父母・父母等）（教育資金贈与と同様）
非課税金額	1,000万円まで （1,000万円のうち、結婚関係の支払いは、300万円が限度）
期間	2021年4月1日から2023年3月31日までの間にされた贈与

資金管理契約の終了	① 受贈者が50歳に達したとき ② 受贈者が死亡したとき（教育資金贈与と同様） ③ 口座の残高がゼロとなった場合において、契約終了の合意があった場合（教育資金贈与と同様）

2 結婚、子育て資金に範囲

結婚・子育て資金贈与の非課税制度の対象となる資金は、以下のとおりです。

⑴ 1,000万円まで非課税となるもの（妊娠、出産及び育児関係）

① 不妊治療費・妊婦健診費

② 分娩費用等・産後ケア費用

③ 子の医療費、幼稚園、保育所等の保育料(ベビーシッター代を含む)など

⑵ 300万円まで非課税となるもの（結婚関係）

① 挙式費用、結婚披露宴費用（婚姻の日の１年前の日以後に支払われるもの）

② 家賃、敷金等の新居費用、転居費用（一定の期間内に支払われるもの）

3 使い残しには贈与税課税

子や孫が50歳に達する日に契約は終了し、使い残しがあれば贈与税が課税されます。

また、終了前に贈与者が死亡した時に使い残しがあれば、贈与者の相続財産に加算され、その金額に対して相続税が課税されます。さらに、この場合、孫であれば相続税額の２割加算の適用があります。

4 結婚・子育て資金贈与の非課税制度は使えるか

結婚・子育て費用も教育費用と同様に扶養義務の範囲内である限り、そもそも非課税です。また、贈与者が亡くなった場合には、その時点での残額が相続税の課税対象となってしまいます。こうした点を考慮すると、この制度の使い勝手はあまり良いとはいえません。

もっとも、相続税軽減対策ではなく、結婚資金を贈与することを条件に独身の子の婚活を応援する、あるいはプレッシャーをかけるという使い方はあるかもしれませんが、その効果の程はわかりかねます。

贈与税の負担割合

贈与税は相続税の補完税として、割高な負担となるように設計されています。具体的な金額ごとに、その負担割合を示してみます。

贈与額＼税額	一般の場合		成年の子や孫の場合	
	税額	割合(%)	税額	割合(%)
300万円	19万円	6.3	19万円	6.3
500万円	53万円	10.6	48万5,000円	9.7
1,000万円	231万円	23.1	177万円	17.7
1,500万円	450万5,000円	30.0	366万円	24.4

4-15 名義預金といわれないための効果的な贈与

★★

1 生前贈与による相続対策の留意点

生前贈与を活用した相続対策は、数ある相続対策の中でもっともポピュラーな手法の１つです。

一般的に、相続対策の三本の矢は次のとおりですが、生前贈与は利用の仕方によって、その３つの対策のすべてにおいて有効な手法となります。

①将来の相続税額を減らすための対策（節税対策）

②将来の相続税の納税資金に充てるための対策（納税資金対策）

③相続が発生した時の遺産分割争いを防止するための対策（争族対策）

しかし、三本の矢のどの部分に着目して対策を立てるのかをはっきりさせないまま無計画に贈与したり、生前贈与について正しい知識を持たずに実行してしまうと、必ずしも有効な相続対策にはなりません。場合によっては、生前贈与が原因で遺産分割争いとなることもありますし、さらには相続税の税務調査において、生前贈与の事実が否定されて被相続人の相続財産と認定されてしまい、せっかくの相続対策が水の泡となってしまうこともあります。

そこで、生前贈与による相続対策を実行するにあたっては、生前贈与を正しく理解し、その目的を明確にしたうえで計画的に実行することが大切です。

2 「名義預金」とみなされないために

相続税の税務調査において、生前に贈与していたはずの現金について、被相続人の相続財産であるとみなされることがあります。これは、贈与した事実の証拠を残していなかったり、または、実質的には贈与は行われていなかったとして、「名義預金」と判断されたからです。

名義預金は、名義だけを他人から借りている預金で、よくあるケースとして、親や祖父母が子供や孫の名義で預金を行い、通帳や印鑑などは親や祖父母がそのまま所有しているものが該当します。

名義預金と税務署からみなされないために、生前贈与を行う際に留意したい点を確認しておきましょう。

① 贈与した事実の証拠を残すこと

贈与契約書を作成することは大切です。かつ、公証役場で確定日付をとっておけば、贈与の事実の証拠として確実なものとなります。

また、現金贈与の場合は、贈与する人の預金口座から贈与を受ける人の預金口座に振込みを行い、客観的な贈与の事実を残すことも肝要です。例えば、贈与契約書を作成した上で、親の預金口座から子の預金口座に振込むことによって現金が移動した事実を預金通帳上に残します。

◎ 贈与の事実を明らかにするには？

① 贈与契約書を作成しましょう

公証役場で確定日付をもらっておけば、さらに確実です

② 行為者が未成年の場合は、親権者が代理で贈与契約を結びます

贈与契約書（例）

贈与者　ひかり太郎（以下「甲」という）と受贈者　ひかり花子（以下「乙」という）との間で、下記の通り贈与契約を締結した。

第一条　現金●●円を乙に贈与するものとし、乙はこれを承諾した。

2021年▲月■日
贈与者　住所　○○市××区
　　　　氏名　ひかり太郎　印（自署）
受贈者　住所　△△県□□市
　　　　氏名　ひかり花子　印（自署）

② 贈与した財産の管理に注意すること

贈与された財産は、当然のことながら贈与を受けた人が管理してくださ

い。ここで管理とは、贈与を受けた人が、その贈与を受けた財産をいつでも自由に使用できる状態にあるということです。

先程のケースのように、親が子名義の預金口座に現金を振り込んで現金贈与を行っていたとしても、子がその贈与を知らず、通帳や印鑑を親が管理したままというケースでは贈与とは認められず、贈与した人の「名義預金」とみなされ、贈与した人の相続財産として相続税が課されることになります。

このようなケースで名義預金とみなされないためには、新たに預金口座を開設する時の預金口座申込書は贈与を受ける人の自筆で記入・署名し、印鑑は贈与を受けた人が使用する印鑑で捺印することが大切です。もちろん通帳や印鑑は贈与を受けた人が管理する必要があります。

結局のところ、贈与財産は名義で判断するのではなく、実質、つまり真の所有者は誰かで判断されることに注意してください。

4−16 贈与税の負担を軽くするコツ

1　成人した子や孫に対する贈与は優遇

贈与税の税率は、贈与者と受贈者の関係によって次の二通りあります。このうち成人した子や孫へ贈与した場合の税率は優遇されているので、贈与のタイミングを検討する上で考慮に入れておきましょう。

なお、成人しているかどうかは、贈与を受けた年の１月１日の年齢で判定します。また、成年年齢を引き下げる民法の改正を受けて、2022年４月１日以後の贈与については、これまでの20歳が18歳に引き下げられるので、優遇を受けられる時期も早まることになります。

⑴　成人した者が直系尊属（父母、祖父母）から贈与を受けた場合

基礎控除後の課税価格	税率	控除額	基礎控除後の課税価格	税率	控除額
200万円以下	10%	—	1,500万円以下	40%	190万円
400万円以下	15%	10万円	3,000万円以下	45%	265万円
600万円以下	20%	30万円	4,500万円以下	50%	415万円
1,000万円以下	30%	90万円	4,500万円超	55%	640万円

⑵　上記以外の場合

基礎控除後の課税価格	税率	控除額	基礎控除後の課税価格	税率	控除額
200万円以下	10%	—	1,000万円以下	40%	125万円
300万円以下	15%	10万円	1,500万円以下	45%	175万円
400万円以下	20%	25万円	3,000万円以下	50%	250万円
600万円以下	30%	65万円	3,000万円超	55%	400万円

例えば父から成人した子へ1,500万円の贈与があった場合の贈与税額は、以下のとおりです。

（1,500万円－110万円）×40%－190万円＝366万円

一方、父から未成年の子へ1,500万円の贈与があった場合の贈与税額は、以下のとおりとなります。

（1,500万円－110万円）×45%－175万円＝450万5,000円

2　贈与は集中より分散

贈与税は、財産をもらった人単位で課税され、かつ、一時にもらった財産の金額が多ければ多いほど税率が高くなる仕組みなので、一人に集中して贈与すると税額が大きくなります。そのため、複数に分散して贈与すると、より低い税額で財産を次世代に移転することができます。

◎ 一人に贈与した場合の贈与税

◎ 複数の者に贈与した場合の贈与税

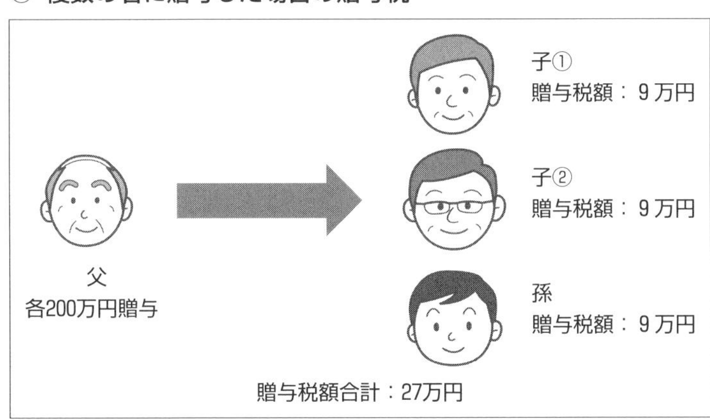

贈与税の税率は相続税に比較して、割高に設定されています。このような独特の仕組みを理解した上で贈与をし、思わぬ税負担に泣くことがないようにしましょう。

3 贈与は複数年に分ける

贈与税は１月１日から12月31日の間までを１つの単位とし、その間に行われた財産の贈与に対して課税される仕組みとなっていますので、贈与する年を分けることによっても税負担を軽減することが可能です。

◎ 一年で贈与した場合の贈与税

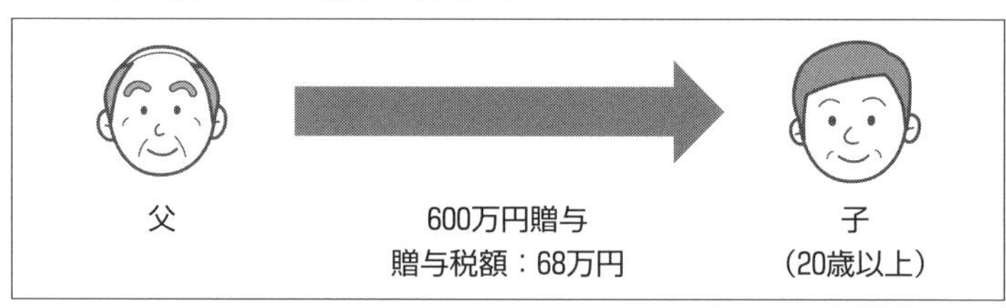

◎ 二年に分けて贈与した場合の贈与税

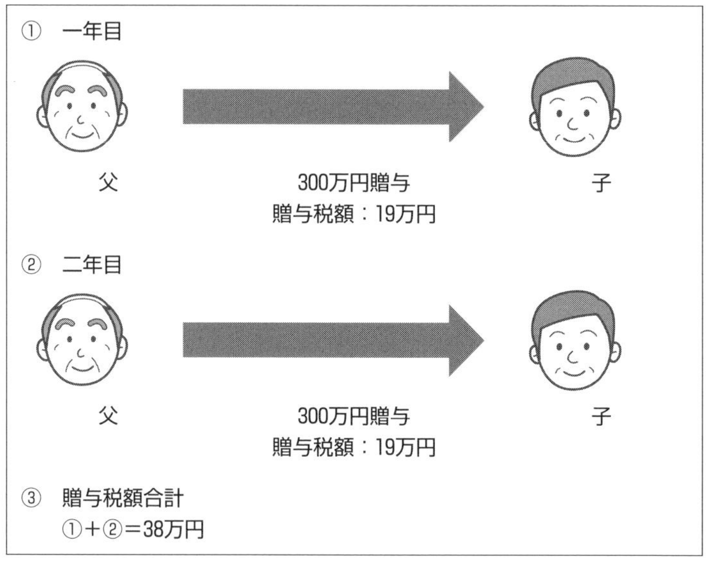

上記の例のように、年を分けて計画的に贈与するだけで、税負担を減らすことができる場合も少なくありません。ときには専門家に相談しながら、賢く贈与することが肝要です。

4-17 生前贈与を活用した相続税対策 ★

1 対策に時間をかけられる場合

贈与税の税率は、相続税の税率よりも、移転する財産の金額に対して割高に設定されており、基礎控除額も110万円を超える金額に対しては、その割高な税率の贈与税がかかります。

そのため、対策に時間をかけられる場合には、基礎控除額を超えないように毎年コツコツと贈与を繰り返し行うことで、次世代により多くの財産を残すことができます。

◎ 非課税枠内で贈与する場合

・父の財産は３億円
・法定相続人は子供２人
・孫６人に10年間かけて、110万円ずつ贈与する

	何もしない	対策実行
相続財産	30,000万円	23,400万円
生前贈与	0万円	6,600万円
財産合計	30,000万円	30,000万円
相続税	6,920万円	4,360万円
贈与税	0万円	0万円
税額合計	6,920万円	4,360万円
残せる財産	23,080万円	25,640万円
対策の効果	—	2,560万円

2　対策に時間をかけられない場合

一方、対策にあまり時間をかけられない場合や、相続財産が多く、高い相続税率が見込まれる場合には、たとえ割高な贈与税の税率であっても、相続時に想定される相続税の税率を上回らなければ、贈与税を負担しながら生前に移転するほうが、トータルの税負担を少なくすることができます。

具体例で確認してみましょう。

◎ 贈与税を負担しながら贈与する場合

・父の財産は４億円
・法定相続人は子供２人
・20～30歳代の孫６人に５年間かけて、500万円ずつ贈与する

	何もしない	対策実行
相続財産	40,000万円	25,000万円
生前贈与	0万円	15,000万円
財産合計	40,000万円	40,000万円
相続税	10,920万円	4,920万円
贈与税	0万円	1,455万円
税額合計	10,920万円	6,375万円
残せる財産	29,080万円	33,625万円
対策の効果	―	4,545万円

この例では、５年間で1.5億円の財産を移転するために48.5万円／年×６人×５年＝1,455万円の贈与税を負担することになりますが、相続発生時には相続税が6,000万円少なくなるため、トータルでは差引き4,545万円の税負担が少なくなっています。

まずは、現時点で相続が発生したと仮定した場合の相続税額を試算して、税率がどの程度になるのかを把握してください。そして、その税率よりも低い贈与税の税率の範囲で贈与を早期に実行すれば、確実に相続税の軽減

になるというわけです。

3　生前贈与加算の対象とならない贈与を活用

ちなみに、上記の具体例で、子ではなく孫を生前贈与の対象にしたのは、相続人以外への贈与が、相続開始前３年以内にされた生前贈与加算の対象外とされているためです。

この点は、生前贈与をする上で知っておくべき大切なポイントで、相続人でない孫が死亡保険金を受け取ったり、遺言を通じて遺贈を受けたりしない限りは、３年以内の生前贈与加算という制約を受けません。

このほか、生前贈与加算の対象外となる特例がいくつかありますので、短期間に対策を実施したい場合には、活用を検討してみてください。

◎ **生前贈与加算の対象外となる特例**

・贈与税の配偶者控除（**4－11**参照）
・住宅取得等資金の贈与税の非課税制度（**4－12**参照）
・教育資金の一括贈与（一定の要件を満たす場合）（**4－13**参照）

4　相続時精算課税の活用

相続時精算課税は、将来相続が発生した時の相続財産の総額が、相続税の基礎控除額（3,000万円＋600万円×法定相続人の数）以内の金額で収まると見込まれるケースでは、贈与税や相続税を負担することなく早期に財産を移転させることができるため、利用価値が大いにあります。

しかし、相続財産の総額が基礎控除額を超えて相続税がかかるケースでは、たとえ贈与時に贈与税の負担が生じなくても、相続時には相続税の負担が避けられないため、必ずしも相続税の軽減につながるとは限りません。

そこで、相続税軽減対策としての相続時精算課税の活用について考えてみましょう。

①　将来値上がりが期待される財産の贈与に利用

相続時精算課税によって贈与した財産は、相続が発生すれば相続時の評価額ではなく贈与時の評価額で精算されます。つまり、贈与財産が将来の相続時に値上がりしていれば相続税軽減効果が生まれます。

◎ 将来値上がりする財産の贈与による効果のイメージ

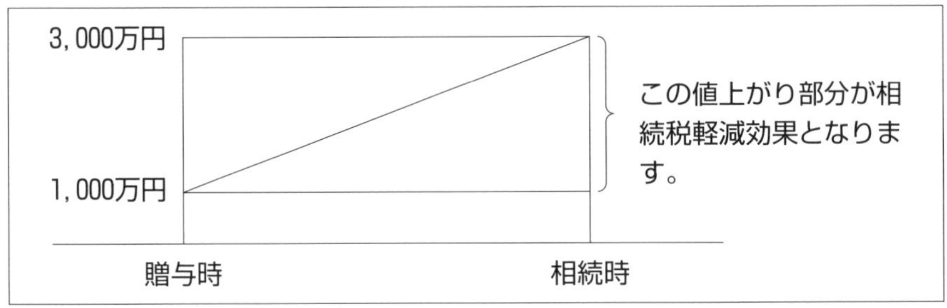

②　収益物件の贈与に利用

収益物件を生前贈与し、その物件から得られる毎年の収益を子の世代に早期に移転することは相続税対策の観点からすぐれています。親の世代の財産を蓄積させないことによる相続税軽減対策であると同時に、子の世代の財産を形成することによって将来の納税資金対策にもつながります。

③　特定の相続人に取得させたい財産の贈与に利用

同族会社の株式、自宅の敷地や生活の支えとなる収益物件などの遺産分割争いの対象にしたくない財産は、それぞれの財産を取得するべき人に生前贈与し、遺産分割の対象から除いてしまうことによって争族対策に活用できます。

特に同族会社の株式については、後継者となるべき相続人に贈与することによって株式の分散を避け、会社経営の安定を図ることができます。

ただし、これらの財産の生前贈与は特別受益とされる可能性が高いので、他の相続人への贈与に配慮したり、あらかじめ事情を説明したりするなどをして、トラブルにならないよう気を付けましょう（特別受益については**2－3**参照）。

4-18 生命保険を活用した相続対策

★

1 生命保険は相続対策の強い味方

自分にもしものことがあった場合に、遺された家族が困らないよう生命保険に加入されている方は多いと思います。実は、この生命保険、相続対策を考える上で、とても使い勝手のよいものであることをご理解いただきたいと思います。

◎ 生命保険を活用した３つの相続対策

相続税軽減対策	納税資金対策	争族対策
生命保険には非課税枠が設けられているので、一定の額までは相続税がかかりません。	突然発生する多額の相続税や、不動産ばかりを相続した場合でも、確実に納税資金を確保することができます。	生命保険金は受取人固有の財産なので、遺産分割協議の対象とはなりません。

このように生命保険は相続対策の重要な三本の矢をすべて兼ね備えているので、上手に活用することによって、相続における様々な問題を円満に解決することができます。

2　生命保険金契約と課税関係

◎ 生命保険金（死亡保険金）の課税関係

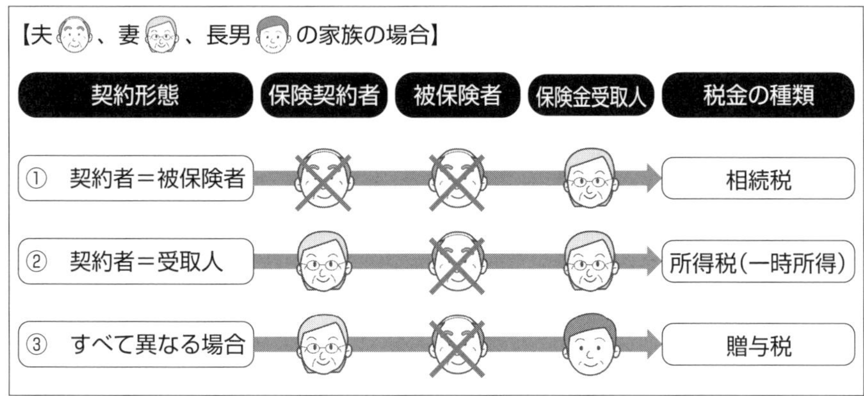

生命保険契約に関わる登場人物は４人（保険契約者・被保険者・保険金受取人・保険料負担者）ですが、税金の観点からは、保険料負担者と保険金受取人が最も重要となってきます。ただし、一般的には保険契約者が保険料を負担することがほとんどなので、以下の説明では「保険契約者＝保険料負担者」とします。

上の図で夫が亡くなった場合の取扱いは次のとおりです。

① 「契約者＝被保険者」の場合

みなし相続財産となり、相続税の対象となりますが、「500万円×法定相続人の数」の非課税枠を使うことができます。

② 「契約者＝受取人」の場合

自分で保険料を払って、自分が保険金を受け取ることになるため、所得税（一時所得）の対象となります。ただし、生命保険金については、他の所得に比べて税金の負担が軽くなっています。

③ 「契約者、被保険者、受取人がすべて異なる」場合

保険料を負担した契約者から受取人に対して贈与があったものとして贈与税がかかります。贈与税は税負担が重いので、該当する契約がある場合には早急に対策を講じる必要があります。

④　②の保険契約で妻が亡くなった場合

「生命保険契約に関する権利」として妻の相続財産となります。これは、本来の相続財産として遺産分割の対象になり、保険金の非課税枠は使えませんのでご注意ください。

3 保険の申告には要注意

税務署は、生命保険契約に関する課税漏れを防ぐため、一定の場合に保険会社から提出される支払調書で保険金受取人や保険金額等の情報を把握しています。

しかし、情報不足による課税漏れが多発していたため、2018年１月１日以降は制度が改正され、税務署に報告される情報が従来よりも増え、申告漏れをより確実に発見できるようになっています。そのため、契約者を変更した場合など、保険金の支払いがない場合にも支払調書が提出されることがあります。

思わぬところで税務署から申告漏れを指摘される可能性があるため、注意が必要です。

4 生命保険の上手な活用方法

(1)　相続税軽減対策としての生命保険の活用

みなし相続財産である死亡保険金には非課税枠があり、相続人１人あたり500万円まで相続税がかかりません（**3－3**参照）。

例えば、相続人が妻と子供３人の計４人の場合、生命保険金のうち「500万円×４人＝2,000万円」までは税金がかからないことになります。

この非課税枠の本来の趣旨は遺族の生活保障ですが、節税効果も大きいので、非課税枠まで余裕がある人は終身保険を利用するなどして積極的に活用しましょう。

なお、死亡保険金は相続放棄をした相続人でも受け取ることができますが、その場合は非課税枠の適用を受けることはできません。

⑵ 納税資金対策としての生命保険の活用

相続税の納税資金を準備する方法として、必要な金額を積み立てておく方法もありますが、目の前に預金として存在すると、老後の生活費や贈与資金として使ってしまわないか不安になります。この点、生命保険であれば、契約を締結した時点で死亡時の保険金額が保証されるので、残りの金融資産を安心して使うことができます。

また、相続が発生すると被相続人の預貯金は凍結されてしまいますが、生命保険金は遺産分割協議を待たずに受取人に支払われるので、葬式費用や当座の生活資金、借入金の返済などの資金としても利用できます。

⑶ 争族対策としての生命保険の活用

① 生命保険金は「保険金受取人」固有の財産

生命保険金は、受取人の指定を受けた人にのみ受け取る権利があるので、遺産分割協議の対象にする必要はありません。ですから、申告期限までに遺産分割協議がまとまらず、財産を相続できないまま未分割で申告しなければならない場合には、受け取った保険金を相続税の納税資金に充てることができます。さらに、被相続人が望む人に望む金額を直接残せるという点では、生命保険は遺言と同等の効果があるともいえ、争族対策としても有用です。

② 遺留分侵害額請求の対応策としての活用

相続人の中に財産を渡したくない人がいる場合、遺言によってその人の取得分を極端に減らしてしまうと、遺留分侵害額の請求を受ける可能性があります（**2－2** 参照）。このような場合、相続財産の一部、具体的には現金や預金を生命保険金に置き換え、遺留分の計算のもととなる相続財産から除外することによって、請求される遺留分の金額を減らし、財産を残したい人により多くの財産を渡すことができます。

5 過ぎたるは及ばざるがごとし…

ただし、相続財産に占める保険金の金額が著しく大きいような場合には、その保険金は「特別受益」と判断され、遺留分の計算のもととなる相続財産に含まれる可能性もあるので注意が必要です。検討にあたっては、是非とも専門家のアドバイスを受けてください。

なお、特別受益とは、遺贈及び婚姻、養子縁組、生計の資本として、被相続人から受けた贈与をいいます。そのような遺贈や贈与は、相続財産に含めた上で、それぞれの相続分を計算しますが、これは相続人間の公平性を図るための制度です。

6 保険料贈与を賢く活用

相続税対策に贈与が有用なことはこの章で説明してきましたが、毎年現金を贈与することにより、子や孫たちの生活に悪影響を与えてしまうのではないかと心配する方がいらっしゃるかもしれません。

このような場合には保険料贈与を検討しましょう。例えば、相続人である子供が保険契約者で、被保険者が親、保険金受取人が子の保険を契約し、親が保険料相当額を毎年贈与します。この場合、生前贈与は行われるのですが、子供の手元にお金は残りませんので、無駄遣いを防ぐことができるというわけです。

なお、契約者に子供の名前を借りた名義保険とみなされないためにも、現金の贈与契約書を作成し、子供が保険料を支払い、所得税の確定申告の生命保険料控除を子供が適用するなどの証拠をきっちりと残しましょう。

このように生命保険は万能ですが、いずれにしても、相続対策としての生命保険契約は長期にわたるものであり、中途解約をすると損をしてしまうものも多いため、生活に支障のない、あくまで余剰資金で契約するようにしましょう。

4-19 養子縁組を活用した相続対策

★★★

1 養子縁組の仕組み

跡継ぎとしての養子縁組、配偶者の連れ子との養子縁組……と養子縁組の目的は様々です。いずれの場合においても、養子縁組によって法律上の親子関係が成立しますので、相続の際には養子は当然に相続人となります。

この養子縁組には、普通養子縁組と特別養子縁組がありますが、相続対策としての養子縁組は一般的に普通養子縁組となるので、ここでは普通養子縁組の仕組みについて説明します。

◎ **普通養子縁組制度のポイント**

- 普通養子縁組は役所に届出書を提出すると成立します。
- 届出書の提出先は、養親の本籍地か住所地の役所です。
- 養子の数に制限はありませんが、年長者を養子にする事はできません。
- 15歳未満の者を養子にする場合には実親の承諾が必要です。
- 子や孫でない未成年者を養子縁組する場合には、家庭裁判所の許可が必要となります。
- 届出書への押印は認め印でもかまいませんが、後日の紛争を避けるため、実印を使用することをお勧めします。

養子縁組届を提出すると、養親との間に実の親子と同じ関係が成立しますので、縁組の日から実親との間の親子関係が切れてしまうと誤解している方も多いようですが、普通養子縁組の場合には、実親との関係には影響がありません。つまり、養子は養親の相続人であるとともに、実親の相続人の立場も失わないというわけです。一方、養子関係を解消する場合には、協議により離縁することができます。

2　相続税と養子の数

養子縁組における養子の数に制限はないと述べましたが、相続税の世界では少し違います。

相続税を計算する上では、実子がいる場合には1人、実子がいない場合でも2人までしか法定相続人の数に加えることができません。これは養子の数を増やすことによって過度な節税を防ぐための措置です。

(1)　法定相続人の数が税額計算に影響する場面（詳細は第3章参照）

①　相続税の基礎控除額
②　生命保険金の非課税限度額
③　死亡退職金の非課税限度額
④　相続税の総額の計算

(2)　養子の数の制限

(3)　実子とみなされ、養子の数の制限を受けない場合

・特別養子縁組により養子となった人
・配偶者の連れ子で養子となった人
・被相続人よりも先に子供である相続人が死亡し、孫養子が代襲相続人となっている場合

このような場合には、養子であっても実の子供とみなされるため養子の数の制限は受けません。

3 相続における活用方法

養子縁組制度を活用した相続対策の具体例と留意点をご紹介します。

(1) 法定相続人が増えることによる相続税軽減効果

【設例】
被相続人　父（母はすでに他界）
相続人　　長男、次男
相続財産　5億円（うち生命保険金5,000万円）

この場合に、例えば長男の妻を養子にすると、基礎控除額が600万円増えますし、生命保険金の非課税枠も500万円増えます。さらには、各相続人の法定相続分がそれぞれ2分の1から3分の1に変わりますので相続税の税率が下がり、相続税の総額も減ることになります。

その結果、設例の場合における養子縁組による相続税の軽減効果は約2,380万円にもなります。

	養子縁組前	養子縁組後
相続財産額	50,000万円	50,000万円
生命保険金の非課税額 (500万円×法定相続人の数)	△1,000万円	△1,500万円
相続税の基礎控除額 (3,000万円＋600万円×法定相続人の数)	△4,200万円	△4,800万円
課税財産の価額	44,800万円	43,700万円
	⋮	⋮
相続税の総額	14,760万円 ➡	12,380万円

(2) 孫を相続人とすることによる世代飛ばし相続

孫と養子縁組をして相続人とすることで、財産を子供から1世代飛ばして孫に直接相続させる方法もあります。この場合には、親から子供へ相続する際の相続税と子から孫へ相続する際の相続税を1回の相続税負担ですませることができるというわけです。

ただし、代襲相続人ではない孫への相続は相続税の２割加算（**3－9**参照）の対象となりますので、ここは慎重な判断が必要です。

⑶　養子縁組をすることによってもめるケースも…

このように養子縁組は相続税の大きな軽減効果がありますが、相続人の間で争いを招くケースもあります。

相続税を軽減するためだけの養子縁組のつもりが、相続人となった長男の妻が相続分を主張したり、養子となった一部の孫だけが相続財産を取得したりと、親族間での不公平感を助長してしまい、結果として遺産分割争いに発展してしまうこともあるからです。

こうした争いを避けるためにも、実行に先立って養子本人はもちろん他の相続人や必要ならば相続人以外の親族にも十分な説明をするとともに、遺言を併用するなど遺産分割対策も同時に検討しておきましょう。

4-20 賃貸物件を活用した相続対策

★★

1 賃貸マンション建築は相続対策の王道

(1) 相続税と賃貸マンション

土地をお持ちの方や富裕層の方で、賃貸アパートの建築や投資マンションの購入の営業を受けられた経験のある方は少なくないと思います。

それでは、なぜ賃貸マンションの建築が相続税対策になるのでしょうか。その答えは賃貸物件に対する財産評価の仕組みにあります。

まずは貸家および貸家建付地の評価方法についておさらいしておきましょう。評価の詳細は **3－5** を参照してください。

◎ **賃貸物件の評価方法**

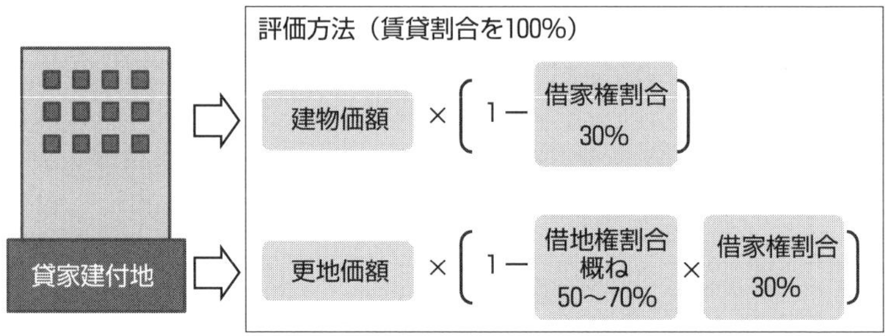

このように賃貸マンションの財産評価は、通常の更地評価や空家の評価と比べて借地権や借家権の部分が減額されます。

(2) 具体的な軽減効果の検証

それでは具体的に2億円の土地に2億円の賃貸マンションを建てた場合の評価額の軽減効果を検証してみましょう。

駐車場や空き家の敷地などの土地を相続した場合には更地評価として2億円がそのまま相続財産の評価額となりますが、ここに賃貸マンションを建築すると、更地が貸家建付地となり、また建物が貸家となるため、評価額が一気に下がります。

◎ 2億円の土地をそのまま相続した場合

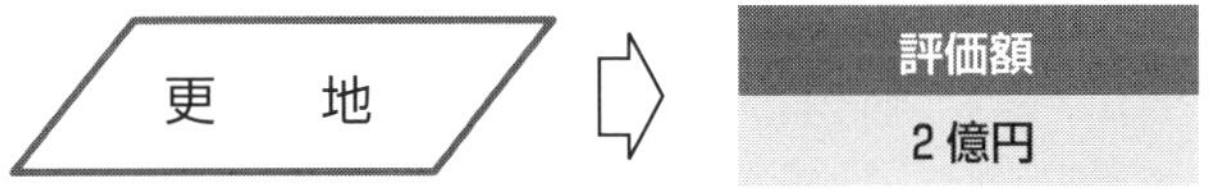

◎ 2億円の土地に2億円の賃貸マンションを建てて相続した場合

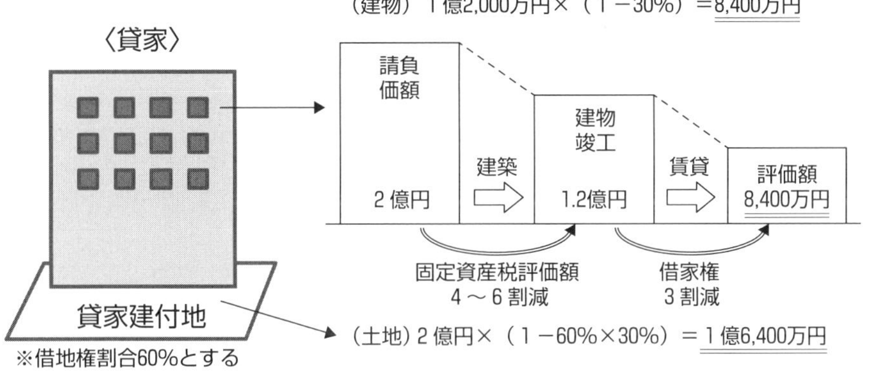

評価額	建物8, 400万円＋土地1億6, 400万円－借入金2億円 ――→ 4, 800万円

2億円借り入れて、2億円の賃貸マンションを建築すると、図のように、土地の評価額は1億6, 400万円、建物の固定資産税評価額を1億2, 000万円とすると賃貸後の建物の評価額が8, 400万円となりますので、相続税評価額が1億5, 200万円も圧縮されることになります。

このように、賃貸マンションの建築は、長期的な計画が必要な生前贈与に比べて、短期間で大幅な相続税の軽減効果が期待できる対策手法です。

さらに、更地や駐車場などの雑種地に住宅を建てると固定資産税が減額されますので、毎年の固定資産税を減らすこともできます。

実行前には相続税の軽減効果だけではなく、事業収支の予想をたてて、キャッシュ・フローを計算し、建築後も借入金を返済できる安定した家賃収入が見込めるかどうかをしっかりと検証してください。

なお、賃貸物件は賃貸マンションやアパートに限りません。近年では超高齢社会の影響を受けて、「サービス付き高齢者住宅」を建設するという選択肢もあります。

(3) 借入をした方が効果は高いのか？

相続対策とは借金をすることであり、手持ち資金よりも借入をした方が相続対策は有利になる、とお考えの方が多いようですが、結論はずばり、手持ち資金で建築した場合と借入金で建築した場合の相続税の軽減効果は同じです。

- 現金２億円で建てた場合
  現金０円＋マンション8,400万円⇒相続財産8,400万円
- 借入金２億円で建てた場合
  現金２億円＋マンション8,400万円－借入金２億円⇒相続財産8,400万円

ただし、借入れをして手元に余剰資金を残しておけば、贈与の元手にもできますし、納税資金に充てることもできますので次なる相続対策が可能になります。

2　子供の名義で建てた方がよい場合も…

親の年齢がまだ若く、相続開始まで時間がある場合には子供の名義で建築した方がよい場合もあります。

というのも、賃貸マンション建築後時間が経つにつれて次のことが起こるからです。

① 親の所得が多い場合、所得税の負担が増えます。
② 年々借入金が減っていきます。
③ 賃貸収入が貯まり、相続財産に上乗せされます。

① 親より課税所得が少ない場合、所得税の負担が低くなります。
② 賃貸収入を将来の相続税の納税資金に充てることができます。

このように、建物名義人の選択を誰にするかによって、対策の目的が変わってきますので、目的に合った名義人を選択することが重要です。

3 不動産管理会社を活用した相続対策

(1) 不動産オーナーの悩み

賃貸用の土地や建物を多数所有している、いわゆる不動産オーナーの方々は、入居者の状況や物件の管理といった日々の業務運営だけでなく、毎年の所得税や住民税の負担に加えて、将来確実にやって来る相続税の問題にも頭を悩ませておられると思います。

このように、多くの賃貸物件を所有されている方については、相続対策の１つとして、思い切って不動産管理会社の設立を検討されてはいかがでしょうか。

(2) 不動産管理会社設立の目的

不動産管理会社を設立することで、不動産オーナー自身の所得税の引き下げや、財産の肥大化の防止、将来相続が発生した際の相続税の納税資金準備に役立てることができるというメリットがあります。

一方、不動産管理会社では赤字の場合でも最低限の税負担（法人住民税均等割）が発生するとともに、不動産管理会社の設立費用や、法人税申告等ついての税理士への報酬、社会保険への加入義務の発生といった税金以外の面でも様々な費用が必要となってきます。

不動産管理会社の設立は、メリットもデメリットもありますので、具体的に検討される際は税理士等の専門家にご相談ください。

コラム お墓や仏壇の準備は万全ですか？

1　誰がお墓を引き継ぐのか

家を継ぐ、あるいは守るということは、お墓の管理や仏壇の承継、先祖の供養を行うということです。最近では核家族化も進み、墓じまいをしたり、永代供養を希望するケースも増えているようですが、いずれにしても、墓地・墓石、仏壇・仏具、系譜などの祭祀財産を誰が引き継ぐのか、葬儀費用や墓地の管理費用を誰が負担するのかを生前に話し合っておくと、残された相続人も安心です。

なお、民法では、祭祀財産は普通財産とは異なり、慣習（ならわし）に従って祖先の祀りごとをする人が承継しますが、遺言で指定することもできます。

2　祭祀財産は生前に準備しましょう

墓地や仏壇などの祭祀財産は相続の際には非課税財産となります。生前にお墓を用意することについては、亡くなるまでは考えられない、縁起が悪いといわれる方もいらっしゃいますが、相続が発生してから購入したのでは非課税の適用は受けられませんし、生前に準備することで、相続人の負担を減らすこともできます。

また、土地の権利だけでなく、墓石や永代供養の管理費など生前に購入できるものはあらかじめ支払っておくのもよいでしょう。仏壇の購入も同様ですが、こちらは位牌や戒名などの問題がありますので、菩提寺などと相談してみてください。

ちなみに、お通夜や本葬にかかった費用も相続財産から控除できますが、初七日、四十九日などの法要費用は控除の対象になりませんのでご注意ください。

4-21 相続開始後でも間に合う対策

★★★

1 土地の評価減のポイント

国税庁が発表した「2019年分相続税の申告事績の概要」によると、相続財産の金額の構成比は土地が34%、現金・預貯金等が34%、有価証券が15%と続き、財産の3分の1以上を土地が占めていることがわかります。

この相続財産の3分の1以上を占める土地の評価をいかに下げるかが相続税を減らすためのカンどころであり、相続税の申告を担う税理士にとってもその手腕が問われることになるのです。

ここで、土地の評価が下がるかもしれない状況をいくつか紹介します。まずは現地確認をして、これらの項目にあてはまるものがないか確認してみてください。また、その土地を管轄する市役所等を訪問し、周辺の道路や都市計画などもしっかり調べておきましょう。

◎ 土地の評価が下がる要素

- 前面道路に2メートル以上接しているか、無道路ではないか
  道路との間に水路や他人の土地が入っていないか
- セットバックが必要ではないか
- 都市計画道路の予定地となっていないか
- 埋蔵文化財埋蔵地に該当しないか
- 容積率が2つ以上の地域にわたっていないか
- 地積規模の大きな宅地に該当しないか
- 高圧電線などが上に通っていないか
- 生産緑地の指定を誰が受けているか
- 農地法上の小作地か
- 段差、崖、傾斜はないか
- 騒音・振動・日照阻害が激しくはないか、周辺に忌み施設がないか
- 土壌汚染地ではないか

など

2　分割の仕方にも工夫が必要

(1)　2次相続も考慮しましょう

配偶者が財産を相続した場合には「配偶者に対する相続税額の軽減」の規定により、法定相続分または1億6,000万円のいずれか多い金額までは相続税がかかりません。ですので、配偶者がこの規定を最大限活用すれば目先の相続税の負担を大幅に軽減することができます。

しかし、被相続人の配偶者は、一般的に被相続人と同年代である場合が多く、相続税対策をするには十分な期間があるとはいえません。さらに、次の相続の際には、もはや配偶者に対する相続税額の軽減の恩恵を受けることができませんし、法定相続人も1人減りますので基礎控除額も少なくなり、結果として相続税の負担が重くなります。

この「次の相続」を、最初の相続である1次相続に次ぐものとして「2次相続」と呼びます。1次相続で相続税額を圧縮できたと思ったら、2次相続でとんでもない税負担が発生したということのないように、2次相続まで視野に入れて、トータルで負担する相続税額が少なくなるよう遺産分割を工夫することも、相続対策の大切なポイントといえます。

(2)　分け方次第で評価方法も変わります

相続税の計算において、土地は取得者ごと、利用区分ごとに評価します。ですので、例えば図①の宅地を兄弟で相続する場合に、2分の1ずつ共有で相続することも可能ですが、図②のようにAとBに分筆してそれぞれを兄弟で相続すると評価単位が別々になり、前後二方の道路に接する土地からそれぞれ一方に接する土地となり、評価額を下げることができます。ただし、極端に不合理な分割をした場合には税務署から否認される可能性もありますのでご注意ください。

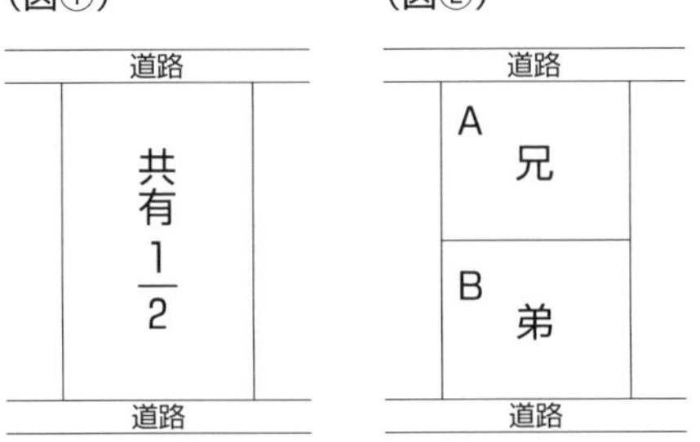

第5章

相続対策の失敗事例から学ぶ

5－1 【失敗事例】遺言書がない…

1 遺言書がない場合の対処法

事故や病気などで突然亡くなられた場合、財産の整理や分割の準備は何もなく、もちろん遺言書も用意されていないことが少なくありません。

詳しくは、**6－9**で解説しますが、遺言書があればそれに従って相続財産を分けることになり、遺言書がなければ、相続人間で協議を行って財産を分割することになります。ただし、遺産分割は共同相続人全員の同意がなければ有効に成立しないため、相続人が１人でも欠けた遺産分割をしても、その遺産分割は無効となるので注意が必要です。

また、遺言書がない場合に参考とされる法定相続分（民法で定める各相続人の取得割合）は、あくまで分割の目安であって、必ずこれに従って分割しなければならないわけではありません。したがって、相続人が配偶者と子供２人の場合、法定相続分は配偶者が２分の１、子供が４分の１ずつとなりますが、相続人全員が納得すれば、財産のすべてを配偶者が取得するという遺産分割の内容でも法的には問題ありません。

2 遺産分割は相続人だけではまとまらない？

もっとも、相続人同士が納得したからといって、遺産分割協議が円滑に進むとは限りません。本来は相続とは無関係であるはずの相続人の家族が口出しをするケースが少なくないのです。

Ａさんは、先ごろ父親を亡くし、相続人である母親と妹の３人で遺産分割協議を行いました。Ａさんは独身ですが、家督を継ぐため先祖代々の土地・建物約5,000万円相当を相続し、一方で妹は両親の日頃の世話をしていたことから、現金300万円を相続しました。母親は妹の世話になっているため、何も要らないとのことなので、財産分与は行いませんでした。

ところが、妹が自宅に戻って夫に分割協議のことを説明すると、夫はみるみる顔を赤らめて大声で怒鳴り始めました。

「うちの上の子は大学受験、下の子は私立の高校に入学するというのに、たった300万円で納得して帰ってきたのか！」

こうして何事もなく終わるはずだった遺産分割協議は、相続に関しては第三者である妹の夫の一言で泥沼に突入する事態となりました。

3 もしも遺産分割協議が決裂したら…

遺言書もなく、相続人同士の協議も決裂してしまったら、遺産分割の行方はどうなってしまうのでしょうか。

相続税の申告が必要な場合、申告と納付に期限が設けられているため、その期限までに遺産分割が調わなければ、遺産が未分割の状態で申告を行うことになります。未分割の状態で申告を行うと、いくつかの税法上の優遇規定の適用を受けられなくなるため、相続税が割高になります。もちろん、後日になって分割が確定すれば、納めすぎた相続税の還付を受けることはできますが、少々面倒ではあります（**5－4**参照)。

また、相続税の申告が不要な場合であっても、未分割の状態では不動産の売却もままならず（売却には相続人全員の同意が必要)、預貯金も原則として払い戻しができないため、場合によっては生活のための資金を別途工面する必要も出てくるでしょう。

このような場合には、家庭裁判所に申立てを行うなど、あえて公的な第三者機関に介入してもらう方がスムーズに解決することがあります。しかし、解決までには多大な時間と労力を要するケースが多く、必ずしも得策とはいえません。

家庭裁判所に申立てを行う順序としては、まずは調停の申立て、それも不調に終わった場合には審判の申立てとなります。なお、それぞれの流れと内容については、次ページを参照してください。

◎ 遺産分割の手続き

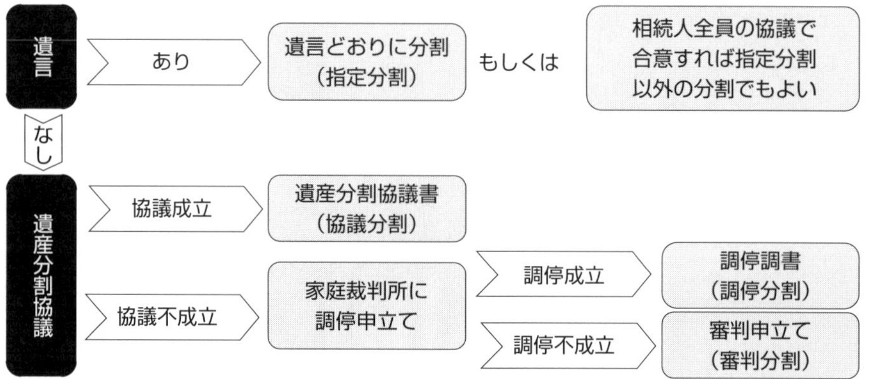

◎ 調停分割と審判分割

分類	内　容
調停分割	共同相続人間で協議が調わない場合、各共同相続人は家庭裁判所に遺産分割の調停を申し立てることができます。 通常、調停は家事審判官１名と、調停委員２名以上の合議制で進められ、共同相続人間の話し合いによる解決を図ります。ただし、調停委員の提案に強制力はないので、合意が成立しないときは、調停は不成立となります。 また、調停がまとまり調停調書にその内容が記載された場合には、調停調書は裁判の確定判決と同じ効力を持っているので、相続人は必ず従わなければいけません。
審判分割	調停が不成立に終わると、審判手続きに移行します。審判とは、家庭裁判所が行う一種の裁判のことをいいます。 審判では各共同相続人の主張を受け、職権で相続財産の内容や各人の生活事情などを調査し、具体的かつ妥当な分割方法が決定されます。 家庭裁判所の審判には法的強制力がありますので、相続人のうちに納得のいかないものがあっても成立しますが、審判の内容に不服がある場合、２週間以内に高等裁判所に対して、即時抗告の申立てを行えば、再度裁判で争うことができます。

本章では、遺産分割協議がまとまらない場合を中心に、相続対策に失敗してしまうとどのような不利益が生じるのかを事例とともに見ていきます。

5－2 【失敗事例】遺産分割協議が決裂した…

1 遺産分割協議がまとまらなかったら…

次の失敗事例として、遺産分割協議がまとまらなかったケースを紹介します。

【事例】

① 父が他界した後に母が亡くなった。母は遺言書を作成していない。

② 相続人の1人である長男が母と同居していた。

③ 遺産分割協議を進めていく中で、長男と長女・次女が対立する関係になり、話し合いがまとまらないまま相当の時間が経過している。

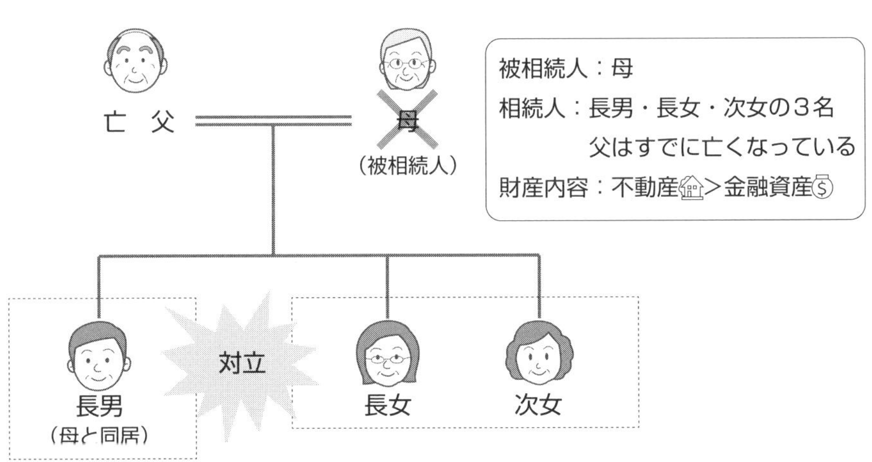

2 遺産分割協議がまとまらないと相続税が損続税に…

遺産分割協議がまとまらないまま相続税の申告を行う場合、各相続人が法定相続分の財産を取得したとみなして税金の計算を行い、申告期限までに申告書の提出と納税が必要となります。

しかし、遺産分割協議がまとまらないままの申告（未分割申告といいます）の場合、小規模宅地等の特例や配偶者の税額軽減などといった税額軽減の特例が使えず、相続税を過大に納めないといけない場合があります（特例については**3－6**、**3－9**参照）。

事例の場合、長男が被相続人と同居しているため、一定の要件を満たせば小規模宅地等の特例による軽減を受けることができます。しかし、申告期限までに遺産分割協議がまとまらない場合は、この特例を適用できませんので、結果としていったんは相続人全員が過大に相続税を納めることとなります。

なお、これらの特例については、当初申告の際に「申告期限後３年以内の分割見込書」を提出することにより、後日に遺産分割協議がまとまった時点で、更正の請求の手続きを行うことで過大に納めた税金を取り戻すことが可能です。

3　遺産分割協議がまとまらないと何かと面倒なことが…

遺産分割協議がまとまらない場合、被相続人が保有する財産の名義変更ができません。具体的には次のような面倒なことになります。

預貯金	遺産分割前の払い戻し制度（**1－8**参照）を利用する場合を除いて払い戻しができません。相続が発生した後は、相続人が葬儀費用や公共料金・医療費といった債務、相続税を支払う必要がありますが、被相続人の預貯金の払い戻しができないと、相続人が自分の財産から支払わなければなりません。
不動産	不動産が被相続人の名義のままでは売却することはできません。また、空き家になった場合の維持管理は相続人全員の連帯責任となりますので、例えば「自宅に不審者が住み着いている」や「自宅に生えている木の剪定をしておらず隣接の家に侵入してしまった」などのトラブルが起こった際には、相続人の誰かが駆け付けて対処しなければなりません。その他、固定資産税などの諸経費についても相続人全員の負担となります。

事例の場合、自宅に長男が継続して居住するときは、自宅の維持管理は長男が請け負うことになるでしょう。しかし、自宅が空き家となった場合には、維持費の負担や管理者を巡って兄弟間で新たなトラブルに発展する可能性があります。

4 遺産分割協議がまとまらない場合の対処法

法定相続人の間で遺産分割の協議がまとまらない状況に陥った場合は、家庭裁判所へ遺産分割の調停を申し立てることになります。調停手続きでは、各相続人から事情を聴取し、必要に応じて資料の開示を求めるなどして合意に向けた話し合いを進め、解決策を模索します。司法統計の最新のデータによると調停が首尾良く成立したのは約半数です。残り半数は、残念ながら不成立あるいは取り下げなどです。調停が不成立となった場合には、自動的に審判手続きに移行します。審判では、原則として法定相続分で財産が分割されることになりますが、裁判官の判断により、特別受益や寄与分といった個別の事情が考慮されることもあります。

家庭裁判所で調停や審判を行う場合には、弁護士に依頼する費用や出廷のための時間の確保が必要となり、さらには解決までに長期間を要することもあるため、相続人にとって金銭的にも精神的にも辛い状況となります。

このように、万が一、遺産分割協議がまとまらなかった場合には多大なデメリットが生じますから、やはり遺言書は作成しておくべきでしょう。

5－3 【失敗事例】遺言書の内容に不満が…

1 遺言書があれば万全か…

次に、遺言書を作成していたものの、その内容を巡って争いになったケースを紹介します。

【事例】

① 「長男に全財産を相続させる」旨の自筆証書遺言があったが、父は認知症の診断を受けていた。

② 遺言書の内容に納得のいかない長女が遺言書の無効を主張し、改めて遺産分割協議を行うことを提案したが長男が拒否したため、遺留分侵害額請求を行った。

③ 父親の事業は長男が承継している。また、父親名義の不動産を事業で使用している。

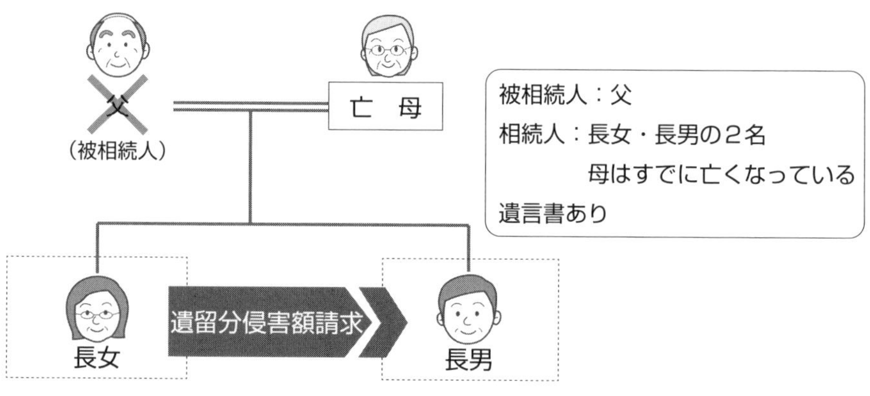

2 遺言書トラブルが税務に与える影響

相続税の申告をした後に遺留分侵害額を請求され、その金額が確定したときは、その確定した金額を踏まえた分割内容をもとに相続税の再計算をします。その結果、追加の納税が必要となる場合には修正申告、還付となる場合には更正の請求が必要となります。なお、更正の請求の期限は、遺留分侵害額請求の金額が確定した日から4か月以内となっており、通常の相続税の申告期限より短くなっているので注意が必要です。

また、遺留分権利者（遺留分侵害額を請求した人）へ金銭以外の資産（不動産や株式）を渡す場合、その資産を渡した時に、支払義務者（遺留分侵害額を請求された人）が支払額相当の資産を譲渡したものとして扱われるため、所得税の申告が必要となります（**1－5** 参照）。

事例の場合、長男は相続発生後10か月以内に相続税の申告及び納税が必要であるほか、遺留分侵害額請求により分割内容が変更された場合、更正の請求や所得税の譲渡申告が必要となります。また、長男は父親の事業を引き継ぐため、事業で使っている不動産は必ず自分の手元に残さなければなりません。一方、長女は長男が遺言書の無効を認めない以上、裁判を起こして法的に決着をつける必要があります。そのための弁護士の費用や解決までの時間がかかります。また、遺留分侵害額請求については、遺言書の存在を知った後1年以内に請求する必要があります。税務的には、遺留分侵害額請求が認められたのち、4か月以内に相続税の申告が必要となります。

3 遺言書トラブルが権利関係に与える影響

遺言書がある場合、相続人間での話し合いをせずに被相続人の財産の名義を変更することが可能です。この点、2019年7月以降に発生した相続からは、相続登記が第三者への対抗要件となりました。つまり、権利の変動（自分が相続した事実）について、第三者に主張できるかどうかは、その旨の相続登記をしているか否かによります（対抗要件の詳細は、**1－6** 参照)。

事例の場合、長男は遺言書により相続登記を行うことが可能ですが、その前に長女が法定相続分（1/2ずつ）で相続登記を行い、さらに長女自身の持ち分を第三者に売却した場合、長男は第三者に対して自分の権利の主張ができなくなりますので注意が必要です。

4 遺言書トラブルで気をつけておきたいこと

遺言書の無効を訴える場合、まずは相続人の間で話し合いを行い、それでも折り合いが付かないときは、裁判所にて争うこととなります。裁判では、「遺言をする能力があるか」が重要となります。遺言書が作成された時点の医師の診断や記録等により、本人に遺言書を作るだけの能力が残されていたかどうかが判断材料になります。

一方、遺留分は、「遺留分算定の基礎となる財産額」に「個別的遺留分の割合」を乗じて算出されます（**2-2**参照)。そして、「遺留分算定の基礎となる財産額」の内、不動産については、市場価額を用いるため、不動産鑑定士による鑑定評価を行う場合があります。相続税評価額とは金額が異なる場合があるため、注意が必要です。

5－4 【失敗事例】分割協議中に相続税の申告期限が到来…

1 分割協議に期限はないが…

「分割協議は10か月以内にしないといけませんか？」と、相続人からよく聞かれますが、この10か月という期限はあくまで相続税申告の期限であり、分割協議そのものには期間的な制限はありません。一定期間が経過することによって分割協議を行う権利が消滅することもありません。ただし、分割協議がまとまっていないことを理由に相続税の申告期限が延長されることはないので注意が必要です。

一方、遺産分割協議に期限はないとはいうものの、分割協議がまとまらないまま相続登記が放置される事例が後を絶たないことから、その解消に向けた制度改正が行われました（**1－10**参照）。

その中で民法も改正され、相続開始から10年を経過すると特別受益や寄与分を主張することができなくなりました。分割協議を複雑化しかねない要素を排除して、遺産分割の長期未了状態の解消を促進する趣旨です。さらに、不動産を相続したことを知った日から３年以内の相続登記が義務化されましたので注意しておかなければなりません（３年経過後に相続登記をした場合には10万円以下の過料）。ただし、自分が相続人であることを法務局に申し出ておけば、分割協議がまとまってから３年以内の相続登記が認められます（**1－10**参照）。

2 分割協議がまとまらなかったときの相続税の申告…

分割協議がまとまっていない状態（未分割）で相続税の申告を行う場合、各相続人が民法で定められた相続分（法定相続分）に従って財産を取得したものと仮定して相続税を計算することとなります。

また、以下の特例が使えないため、一般的に未分割で申告する場合には、税額が割高になってしまう、納税資金の準備が大変になってしまう等の問題が生じる可能性があります。

◎ 未分割で申告する場合には使えない主要な特例制度

①	配偶者の税額軽減
②	小規模宅地等の評価減の特例
③	物納
④	農地についての納税猶予
⑤	非上場株式等についての納税猶予

未分割で申告する場合には、相続税の申告書と併せて「申告期限後3年以内の分割見込書」を提出しておく必要があります。この「申告期限後3年以内の分割見込書」を提出しておくと、申告期限から3年以内に分割協議がまとまり、さらにその分割協議がまとまった日から4か月以内に更正の請求を行うことで、当初使えなかった特例を使って相続税を再計算でき、納めすぎている相続税の還付を受けることができるようになります。

また、相続等に関する訴えが提起されている等の一定のやむを得ない理由により、申告期限から3年以内に分割協議がまとまらない場合には、申告期限後3年を経過する日から2か月以内に「遺産が未分割であることについてやむを得ない理由がある旨の承認申請書」を提出し、承認を得ることで、その適用期間を延長することができます。

5-5 【失敗事例】納税資金が足りない！

1 納税資金の確保か節税か

相続対策には、納税資金を確保することも含まれますが、もし相続税への対策を十分に行っておらず、納税資金が不足するような場合にはどうすればいいのでしょうか。

相続税を計算する過程で、おおよその相続税額が把握できたら、その相続税額が被相続人から相続する金融資産と相続人がもともと所有している金融資産を合わせた範囲内で支払える金額かどうかを検証しましょう。

3-12でも述べたように、相続税の納税は原則として「現金一括納付」、つまり相続が発生してから10か月後の申告期限までに現金で一度に納めなくてはなりません。相続開始後、納期限まではあっという間に過ぎてしまいますので、納税資金が不足しそうな場合には、できるだけ早い段階で対応策を考えておきましょう。

納税資金不足の対処法としては、①生前に相続税軽減対策を実施して相続税額を減らす方法と②生前もしくは相続発生後に納税資金そのものを確保する方法がありますが、相続財産を減らすことばかりに気をとられて、残したい財産や残すべき財産まで失ってしまうことのないようにしたいものです。

2 物納か売却か

(1) 処分する財産の選定

手持資金では相続税を納めることが難しく、不動産を処分しないと納税が難しそうであれば、まずは処分する不動産を選定します。

自身が相続する不動産のリストを見ながら、

①　自宅や事業用資産など必ず残したい不動産 ②　不便な空き地や農地など手放したい不動産 ③　貸家や駐車場などどちらでもいい不動産

というように、残す財産と不要な財産を分類してみてください。

⑵　物納を選択するか、売却して資金をつくるか

次に、同じ不動産であっても物納するか、売却して納税資金をつくるのかどちらが有利かを判断します。

◎ 土地の売却と物納の違い

	売却した場合	物納した場合
金　額	市場価格	路線価評価額 （一般的には時価の８割程度）
期　限	いつでも可 （ただし、納期限に間に合わない場合には延納の手続きを取ること）	申告期限までに申請が必要
税　金	譲渡所得税・住民税がかかる （ただし、３年10か月以内の売却の場合には取得費加算の特例あり）	譲渡所得税・住民税はかからない
主な費用	仲介手数料	測量、境界確定、分筆費用
不整形地、条件の悪い土地など	売却金額は低くなる	売却が難しい財産でも物納可能
面　積	制限なし	相続税と同額の財産となるように分筆が必要 （残地について、利用価値が下がることがある）

このように売却と物納では取扱いがまったく異なりますので、単純に金額だけで判断することなく、売却価格から諸経費と税金を差し引いた手取り額が物納時の収納価額である相続税評価額と比べてどうなのか、物納後の残地がうまく活用できるのか、物納の機会を逃すと有効活用や売却が難しい土地ではないかなど、いろいろな側面から検討が必要です。

3 事前準備が肝心

物納と売却いずれを選択するにしても、事前の準備が大切です。

特に隣人との境界があいまいな土地の場合には境界確定でもめると予想外に時間がかかりますし、測量費など多額の費用も必要になりますので、生前に被相続人の負担であらかじめすませておきたいところです。

物納を選択したい場合には、延納によっても納付が困難な状況、つまり物納を選択できる条件が揃っているかどうかの検討が必要です。さらに、借地借家については契約条件の見直しや滞納を解消する、接道条件を満たしていない土地については交換などを利用して物納できる要件を満たしておく、といった事前準備も必要です。

共有財産についても、事前に分割や交換によって単独名義にしておきましょう。

一方、売却を選択する場合には、市場動向をみながら売却の相手やタイミングを図ってください。相続税の申告期限が迫ってきて、あわてて不本意な価額で処分しなければならないことのないようにしたいところです。

ただし、物納にせよ売却にせよ、遺産分割協議がまとまっていないと実行することはできません。つまり、相続対策をしっかり行っておかないと納税資金の確保もままならないのです。

第6章

相続発生後に必要な手続きとその方法

この章で紹介している手続きの難易度を以下のように示していますので、参考にしてください。

★…簡単な知識があれば、誰にでも対応可能なレベル
★★…若干の知識が求められ、専門家のサポートがあれば心強いレベル
★★★…専門的な知識を必要とすることから、専門家のサポートを積極的に利活用したいレベル

6－1 いざという時の相続スケジュール

1 突然の父の訃報、その時あなたは…

突然に届いた父の訃報。誰も予測していなかった事態に戸惑い、そして悲しみに暮れる家族。親戚や知人の力を借りて告別式までは何とか済ませました。その後、葬儀に係る諸費用や今後の当面の生活費を引き出すために銀行の窓口へ赴いたところ、担当者の次の言葉に驚きました。

「申し訳ありませんが、亡くなった後は、銀行印と通帳だけでは、お父様の口座から現金をお引き出しすることはできません…。遺産分割前の払い戻し制度のご利用か、相続のお手続きが必要となります。」

父の銀行印と通帳があるにもかかわらず引き出しはできないとの説明に合点はいきませんでしたが、なんとか手元の資金でやりくりして落ち着きを取り戻し、その後、普段の生活に戻りつつありました。

ところが、父が亡くなってから４か月ほど経ったある日、一通の内容証明郵便が届きました。そこには、父に生前5,000万円のお金を貸したが未だ返済されていないので、今回債務を相続されたあなたから返済して欲しいと書かれてあり、驚くほかはありませんでした。そういえば家族の誰も、父の借金はおろか、どれだけの財産をどこに所有しているのかすら知らなかったことに今更ながら愕然としました。

2 知らなかったでは済まされない相続に関する手続き

いったん相続が発生すると、遺されたご家族には何かと面倒な手続きが待っています。その中には法律上の期限が設けられているものや、順を追って手続きをしないと先に進めないものなども多く、一般の方がトラブルなしに手続きを完了することは決して容易ではありません。

そこで、まずは次ページの相続スケジュールを確認し、相続に関する諸手続きの全体像をしっかりと理解してください。

◎ 一般的な相続スケジュール

被相続人の死亡（相続の開始）

7日以内
- お通夜・葬儀・告別式（初七日法要）
- 葬式費用・入院費などの支払い、領収書等の整理
- 「健康保険被扶養者（異動）届」提出（死後5日以内）
- 死亡届および火葬許可申請書の提出（死後7日以内）

14日以内
- 世帯主変更届の提出
- 年金受給権者死亡届・未支給年金（保険給付）請求書提出、遺族年金等への変更手続き
- 資格喪失届、健康保険証の返還等
- 介護保険受給者証、老人医療受給者証の返還等

3か月以内
- 四十九日法要（死後49日目）
- 遺言書の有無の確認、相続人の調査および確定
- 相続財産と債務の調査・概算把握、遺産分割協議
- 相続放棄・限定承認の申述

4か月以内
- 被相続人の所得税や消費税の申告・納付（準確定申告）

10か月以内
- 遺産分割協議書の作成
- 相続税の申告・納付（延納・物納の申請）

1年以内
- 遺留分侵害額請求

相続後すみやかに行うべき手続き
- 公共料金やクレジットカードの口座振替の変更、廃止
- 自動車の名義変更
- 株式や投資信託などの名義変更
- 不動産の名義変更
- 郵便貯金・銀行預金の相続関係手続き　など

6－2 亡くなった直後に行う諸手続き ★★

大切な人が亡くなるのは悲しいことですが、残された遺族には、通夜や葬儀を行うために、またその後の生活のために行わなければならない様々な手続きがあります。その中でも、亡くなった直後に行う諸手続きについて説明します。

1 死亡届の提出（７日以内）

死亡後の手続きで、まず行わなければならないのが「死亡届」の提出です。死亡届は、１枚の用紙の左側が死亡届、右側が死亡診断書（死体検案書）で構成されています。必要事項を記入して、死亡した人の死亡地、本籍地または届出人の所在地の市役所、区役所または町村役場に死亡診断書と一緒に提出します。なお、届出人とは、親族のみならず、同居者、家主、地主、土地・家屋管理人、後見人（任意後見受任者を含む）などです。

死亡届を出さないと、火葬に必要な「火葬許可証」が交付されないので、死亡当日か翌日には提出する必要があります。そのため、役所の戸籍係は休日や夜間でも受け付けています。

2 死亡診断書の取得

自宅や病院で亡くなった場合には、診察や治療にあたっていた医師に「死亡診断書」の作成を依頼します。しかし、自殺や事故死、変死など死因に不明・不審な点がある場合には、警察医によって検視が行われます。この場合には、死亡診断書ではなく、「死体検案書」が交付されます。

3 火（埋）葬許可証交付申請書の提出

遺体を火葬または埋葬するには、市区町村長の許可が必要です。そのため、死亡届と一緒に火（埋）葬許可証交付申請書を提出し、申請が認められると「火葬許可証」が交付されます。

この火葬許可証を火葬場に提出することにより、火葬が可能になります。火葬が終わると、火葬許可証に必要事項が記入され返却されます。これが火葬証明書となり同時に埋葬許可証になります。

そして、この証明書を納骨時に墓地の管理者に提出することによって埋葬が可能になります。墓地、埋葬等に関する法律の規定により、火葬や埋葬をするには、死後24時間を経過していることが必要です。

4 世帯主の変更届出（14日以内）

世帯主が亡くなったときは、新たに世帯主となる人を決めて、世帯主変更届を提出する必要があります。新たに世帯主となる人が決まったら、新しい世帯主、今までの世帯主欄にそれぞれの氏名を記入して届け出ます。なお、世帯主が亡くなった後、その世帯には一人しかいない場合など、新たに世帯主となる人が明らかな場合は、届け出をする必要はありません。

6－3 相続手続きチェックリスト

相続手続きに関して、もれがないかどうかをチェックするリストを作成しましたので、是非ご活用ください。

1 もらう手続き

種　　類	届出先等	確認
生命保険金（死亡保険金）	生命保険会社	□
簡易保険	郵便局	□
入院保険金	生命保険会社・損害保険会社	□
死亡退職金	勤務先	□
共済年金・葬祭料・団体弔慰金	各共済会・互助会	□

2 やめる手続き

種　　類	届出先等	確認
健康保険・介護保険	協会けんぽ（健康保険組合）、市区役所	□
預金口座・キャッシュカード	金融機関	□
貸金庫	契約している銀行	□
運転免許証	警察署・運転免許センター	□
パスポート	旅券事務所	□
身分証明書	会社・学校・福祉事務所	□
携帯電話	電話会社	□
JAF 会員証	JAF	□
フィットネスクラブ会員証	フィットネスクラブ	□

パソコン・インターネット会員	プロバイダー	□
老人会会員証	老人会	□
無料パス	バス・電車会社（市役所）	□

3 引き継ぐ手続き

種　　類	届出先等	確認
預貯金の口座	金融機関	□
株式・投資信託	証券会社	□
自動車・軽自動車	陸運局・軽自動車協会	□
自動車保険（自賠責・任意保険）	損害保険会社（代理店）	□
固定電話	電話会社	□
公共料金	電気・ガス・上下水道	□
NHK	NHK 各管轄営業部・センター	□
借地・借家・賃貸住宅	地主・家主	□
市営・県営住宅	住宅供給公社	□
敷金・保証金	敷金・保証金の預け先	□
ゴルフ会員権	所属ゴルフ場	□
刀剣	教育委員会	□
農協・信金・組合への出資金	出資先	□

4 年金関係

種　　類	専門家	確認
葬祭費（国民健康保険）	社会保険労務士	□
埋葬料・家族（勤務先健康保険）	社会保険労務士	□
未支給年金（国民・厚生年金）	社会保険労務士	□
遺族年金・寡婦年金・死亡一時金	社会保険労務士	□

5 裁判関係

種　　類	専　門　家	確認
遺言書の検認・開封（家裁）	弁護士・司法書士	□
遺言執行者の選任	弁護士・司法書士	□
相続放棄・限定承認申立	弁護士・司法書士	□
遺留分侵害額請求	弁護士・司法書士	□
裁判所外での協議	弁護士・司法書士	□
遺産分割協議の調停・裁判	弁護士	□

6 登記関係

種　　類	専　門　家	確認
相続登記（名義変更）	司法書士	□
所有権保存登記	司法書士	□
建物表示登記	土地家屋調査士	□
建物滅失登記	土地家屋調査士	□
土地分筆登記	土地家屋調査士	□
土地境界確定	土地家屋調査士	□
（法人の場合）役員の抹消・追加	司法書士	□
（根）抵当権の債務者の変更	司法書士	□

7 税務関係

種　　類	専　門　家	確認
所得税の準確定申告（税務署）	税理士（４か月以内）	□
相続税の申告（税務署）	税理士（10か月以内）	□

6－4 相続人の確定と戸籍の調査

★★

相続の手続きを行うためには、相続する権利を有する相続人全員を証明しなければなりません。そのためには、被相続人の生まれてから亡くなるまでの連続したすべての戸籍を揃える必要があります。

1 戸籍の種類

戸籍は大きく分けると、⑴戸籍謄本、⑵改製原戸籍謄本、⑶除籍謄本の3つに分けられます。

⑴ 戸籍謄本

同じ戸籍に記録されている全員について証明しています。「現在戸籍」、「現戸籍」ともいわれます。本籍地、筆頭者氏名、戸籍に記録されている人の名前、生年月日、父・母の氏名、続柄、出生地、婚姻日などが記載され証明されています。

なお、謄本の他に「抄本」といわれるものがありますが、こちらは一部の方についてのみ記載されたものです。

⑵ 改製原戸籍謄本

戸籍は、1957（昭和32）年と1994（平成6）年の法務省令による2度の改製をはじめ、何度も改製されています。その改製前の戸籍が、「改製原戸籍」として保存されています。

⑶ 除籍謄本

同じ戸籍に記録されている全員が、婚姻や死亡、転籍などにより戸籍から除かれると「除籍」として保存されます。ただし、保存期間が80年とされていたため（平成22年法務省令により、150年に延長されました)、すでに廃棄されているものもあります。その場合は「廃棄済証明書」(市区町村により名称は異なります）を取得して対応します。

2　戸籍の調査方法

被相続人が生まれてから亡くなるまでの連続したすべての戸籍や相続人の戸籍をそろえるためには、１か所の市区役所や町村役場で事足りる方もいれば、複数に請求しなければならない方もいます。その戸籍の請求方法は下記のとおりです。

⑴　被相続人の本籍地を調べる

被相続人の戸籍を請求するのに「本籍地」の確認が必要です。死亡届に記載していますので、確認してください。分からない方は、住所地の市区役所や町村役場で、本籍地の記載のある住民票の除票を取得してください。

⑵　本籍地の市区町村へ戸籍を請求する

戸籍に死亡の記載がされるまでに、2、3日かかることがありますので、数日経ってから請求するのがよいでしょう。

各市区町村指定の申請用紙に、本籍地や筆頭者の氏名その他必要事項を記入して申請します。申請書に「相続の手続きに使用するので、亡くなった○○○○の出生から死亡までの連続した戸籍をお願いします」と記載すると、その市区町村にある被相続人の記載されている戸籍をすべて取得することができます。

郵送請求のときは、配達日数と市区町村での処理日数を合わせて１週間程度余分にかかりますので、余裕を持って請求しましょう。

- 請求先　　　　　本籍地の市区役所・町村役場
- 請求できる者　　相続人であれば請求可能
  - □　申請書（窓口で入手するかホームページからダウンロードする）
- 用意するもの
  - □　本人確認資料（免許証や健康保険証）
  - □　印鑑（認印可）
  - □　本人との関係が証明できる書類（関係の分かる戸籍のコピーなど）
  - □　交付手数料　　交付手数料は、概ね
    - ・戸籍謄本　　　　　1通　450円
    - ・改製原戸籍謄本　　1通　750円
    - ・除籍謄本　　　　　1通　750円
  - □　返信用封筒（郵送の場合）　あらかじめ切手を貼り、請求者の住所・氏名を記入しておく

6－5 法定相続情報証明制度の活用

★★

1 法定相続情報証明制度のあらまし

法定相続情報証明制度は、登記所（法務局）に戸籍謄本等の束を提出し、併せて相続関係を一覧に表した図（法定相続情報一覧図）を提出すれば、登記官がその一覧図に認証文を付した写しを交付するというもので、2017年５月29日から運用が開始されています（次ページ図参照）。

相続登記や預貯金の払い戻しをはじめとする各種の相続手続きをする際には、公的書類によって相続関係を証明する必要があります。法定相続情報証明制度を活用すれば、法定相続情報一覧図の写しを提供することで相続関係を証明できるため、相続手続きにおける相続人の負担はかなり軽減されます。

2 制度を利用するにあたっての手続き

この制度を利用するにあたっての手続きの流れは、次のとおりです。

⑴ 制度利用の申出

相続人（弁護士、司法書士や税理士などの代理人でも可）が戸籍謄本等を収集の上、法定相続情報一覧図を作成し、所定の申出書に戸籍謄本等の書類と法定相続情報一覧図を添付して申出をします。申出は郵送でも可能です。

申出をすることができる登記所は、次の地を管轄する登記所のいずれかとなります。

① 被相続人の本籍地
② 被相続人の最後の住所地
③ 申出人の住所地
④ 被相続人名義の不動産の所在地

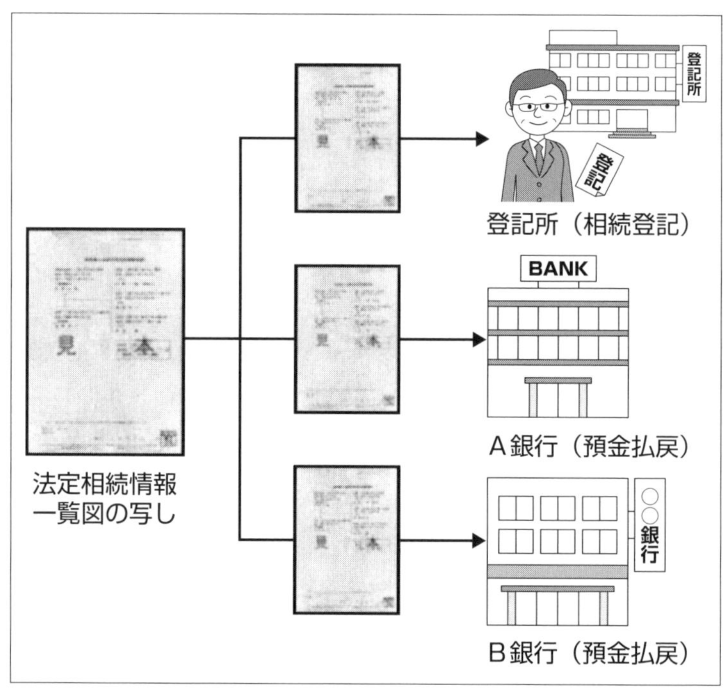

出所：法務局ホームページ

⑵　登記官による確認と交付

登記官による相続関係の確認を経た後、法定相続情報一覧図が保管され、認証文の付与された法定相続情報一覧図の写しが交付されると同時に戸籍謄本等も返却されます。なお、交付に際して手数料はいりません。

法定相続情報一覧図の保管期間中（５年間）は、再交付が可能ですが、当初の申出人に限られますので、他の相続人が申し出る場合は、委任状が必要となります。

⑶　利用

従来、不動産が複数の市区町村にあったり金融機関が複数あると、同時に手続きをするには、その数だけ戸籍謄本等一式を揃える必要がありました（実務的には原本の還付を受けて次に使い回しています）。しかし、法定相続情報一覧図の写しがあれば、戸籍謄本等の束の代わりとして、不動産の相続登記はもちろん、各種の相続手続きにおいて利用が可能となります。なお、被相続人が不動産を所有していなくても制度の利用が可能です。

3 制度利用の際の注意点

この制度を利用するにしても、まずは戸籍謄本等一式を揃える手間はこれまでと変わりません。認証文の付与された「法定相続情報一覧図の写し」の交付を受けるためには、まずは申出人が戸籍謄本等を収集しなければならないからです。

もっとも、複数の手続きを同時に行いたい場合でも戸籍謄本等は1部だけ揃えれば良いので手間と費用の負担は少なくなります。ただし、登記官が必要な戸籍謄本等一式が揃っているかどうかを確認するために時間がかかることも予想されますから、利用に先立って余裕を持って申し出る必要があります。

現在、この「法定相続情報一覧図の写し」は相続登記のみならず、多くの金融機関で利用可能です。さらには、年金の手続きや相続税の申告書に添付することも認められており、広く普及しています。ただし、相続税の申告書に添付する場合には、戸籍に記載される続柄（例えば、子であれば「長男」、「長女」、「養子」など）を正確に記載する必要があります。

また、被相続人が帰化していた場合や、相続人に外国籍の人がいると、そもそも交付を受けることができませんので注意が必要です。

4 法定相続情報一覧図

下記に交付される「法定相続情報一覧図の写し」のひな形を示しておきます。

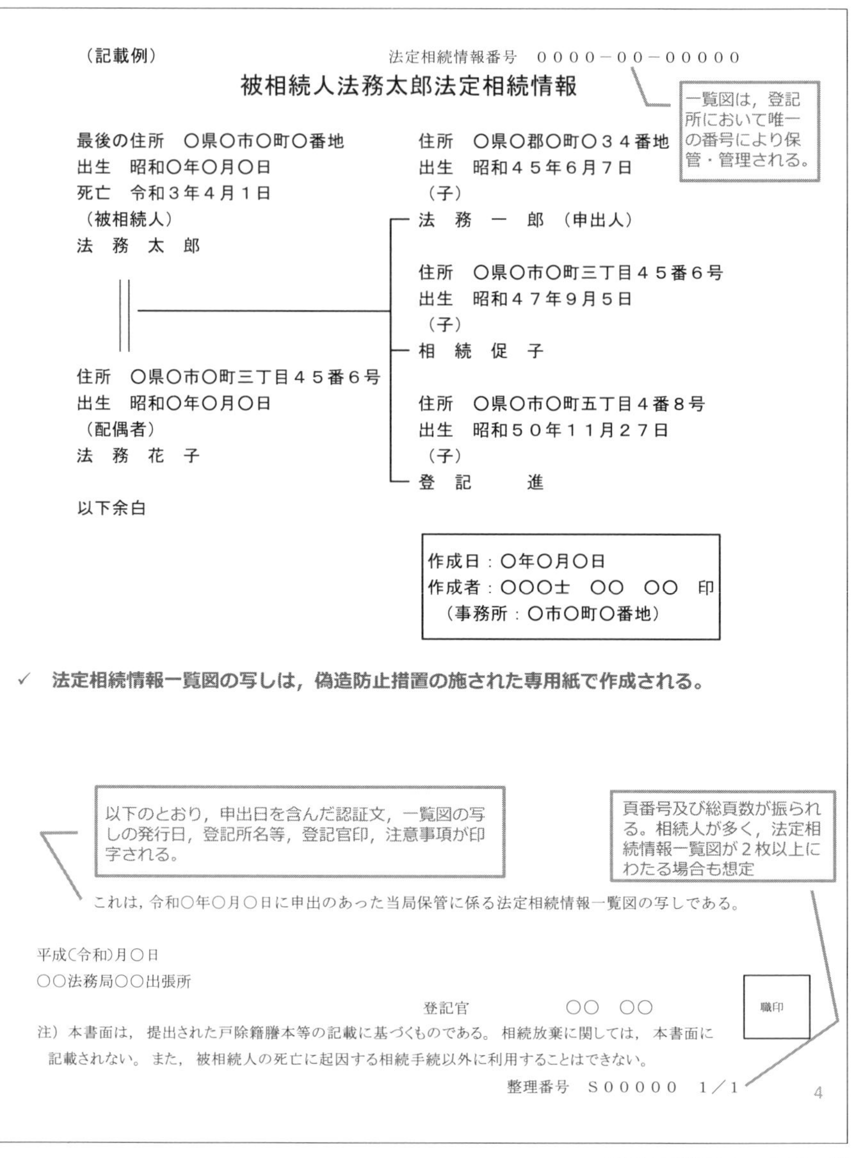

（記載例）　　法定相続情報番号　０００００−００−０００００

被相続人法務太郎法定相続情報

最後の住所　○県○市○町○番地
出生　昭和○年○月○日
死亡　令和３年４月１日
（被相続人）
法　務　太　郎

住所　○県○市○町三丁目４５番６号
出生　昭和○年○月○日
（配偶者）
法　務　花　子

以下余白

住所　○県○郡○町○３４番地
出生　昭和４５年６月７日
（子）
法　務　一　郎　（申出人）

住所　○県○市○町三丁目４５番６号
出生　昭和４７年９月５日
（子）
相　続　促　子

住所　○県○市○町五丁目４番８号
出生　昭和５０年１１月２７日
（子）
登　記　　進

作成日：○年○月○日
作成者：○○○士　○○　○○　印
（事務所：○市○町○番地）

これは，令和○年○月○日に申出のあった当局保管に係る法定相続情報一覧図の写しである。

平成(令和)月○日
○○法務局○○出張所
登記官　　○○　○○　職印

注）本書面は，提出された戸除籍謄本等の記載に基づくものである。相続放棄に関しては，本書面に記載されない。また，被相続人の死亡に起因する相続手続以外に利用することはできない。

整理番号　Ｓ０００００　１／１

出所：法務局ホームページ

6－6 相続放棄と限定承認の手続き

★★★

1 相続放棄や限定承認を行うべき場面

被相続人に借金などのマイナスの財産がある場合、相続人であれば、借金についても通常の財産と同じように相続することになります。ただし、マイナスの財産については、何も財産を相続しないという遺産分割協議を行ったとしても、債権者から借金の請求があれば、支払いをする義務があります。このような場合に、相続放棄をしていれば、相続人としての地位を放棄することになるので、債権者から借金の請求があったとしても支払う必要はありません。

また、そもそも借金があるかわからない、借金があるのはわかっているが、他にももっとあるかもしれない、という場合には、限定承認をすれば、自分が相続したプラスの財産の限度内での支払義務を相続することになりますので、相続したプラスの財産以上の支払義務を免れることができます。

2 相続放棄の手続き

相続の放棄をするためには、相続人が「相続の開始があったことを知ったとき」（被相続人死亡の当日、死亡の通知を受けた日、先順位者の相続放棄を知った日など）から3か月以内に、被相続人の最後の住所地の家庭裁判所に申述書を提出しなければなりません。相続放棄は相続人それぞれが個々の判断で行うことが可能です。

放棄の申述が受理されますと、家庭裁判所から「相続放棄申述受理通知書」が郵送されます。この通知書だけでは証明になりませんので、家庭裁判所に「相続放棄申述受理証明書」を申請してください。この証明書が相続人でないことの証明になります。

他の相続人が相続の各種手続きを行うときにこの証明書の添付が必要に

なりますし、被相続人に借金がある場合には、債権者から交付を求められることもあります。他の相続人や債権者などは、利害関係があることが認められれば、「相続放棄申述受理証明書」を本人に代わって取得することができます。

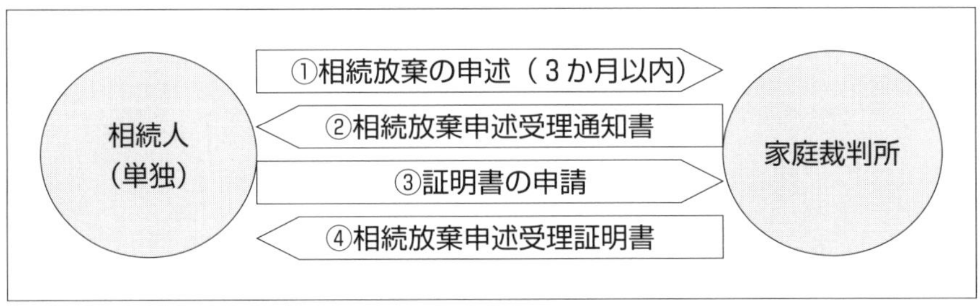

3 限定承認の手続き

相続の限定承認をするためには、相続人全員が共同して「相続の開始があったことを知ったとき」から3か月以内に、財産目録を作成して、被相続人の最後の住所地の家庭裁判所に申述書と共に提出しなければなりません。

申述が受理されたら、限定承認者（相続人が複数の場合は財産管理人）は、5日以内（財産管理人の場合は10日以内）に、限定承認したことおよび債権の請求・申し出をすべき旨を官報に公告します。

公告期間が満了した後は、請求・申し出をしてきた債権者に、債権額の割合に応じて相続財産から弁済するなどの清算手続きを行います。債務弁済後、遺産が残ったら、その遺産を相続することができます。

限定承認は、遺産と債務の額のどちらが多いか不明な場合に有効な方法です。ただし、遺産の中に不動産や有価証券などが含まれている場合には、「みなし譲渡」となり税金が発生する可能性があるため注意が必要です。限定承認をする際には、弁護士や司法書士のみならず、税理士にも相談することをお勧めします。

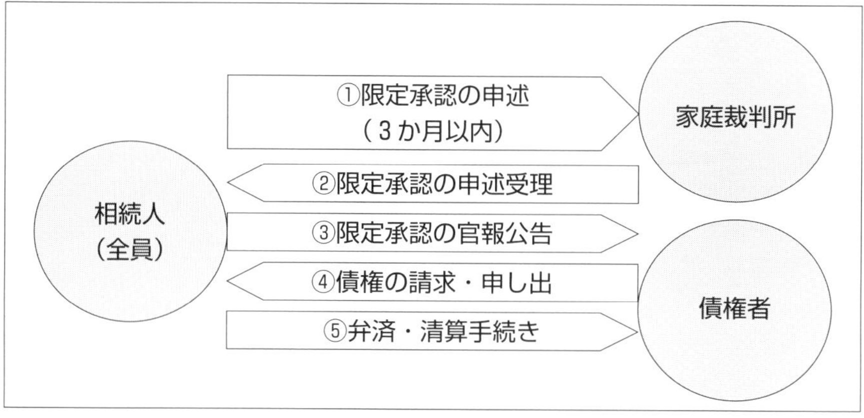

4 相続の承認または放棄の期間の伸長手続き

相続人が「相続の開始があったことを知ったとき」から３か月以内に、相続財産の状況を調査しても、なお承認するか放棄するか判断する資料が得られない場合には、相続人ごとに、被相続人の最後の住所地の家庭裁判所に相続の承認または放棄の期間の伸長の申立てを行い、家庭裁判所の審判により、その期間を伸ばすことができます。

5 必要となる書類

相続放棄をする際には、裁判所所定の相続放棄申述書の他に、被相続人の死亡の記載のある戸籍謄本および住民票除票、申述人の戸籍謄本等が必要になります。

限定承認をする際には、裁判所所定の申述書の他に、被相続人の出生から死亡までの連続した戸籍謄本および住民票除票、申述人全員の戸籍謄本等が必要になります。

6－7 未成年者や行方不明者に係る手続き ★★★

1 相続人が未成年の場合～特別代理人の選任

相続人が未成年者の場合、親権者である親が代理人として遺産分割協議に参加し、署名・捺印を行います。

しかし、その親も同時に相続人である場合には、親と子の間でお互いに利益が相反するので親が代理人になることができません。

このような場合、未成年者の住所地の家庭裁判所に特別代理人選任の申立てを行い、その未成年者と利益が相反しない人を特別代理人として、家庭裁判所の審判によって選任してもらいます。

特別代理人は、未成年者の代わりに遺産分割協議に参加し、署名・捺印を行います。

◎ 特別代理人が必要なケース

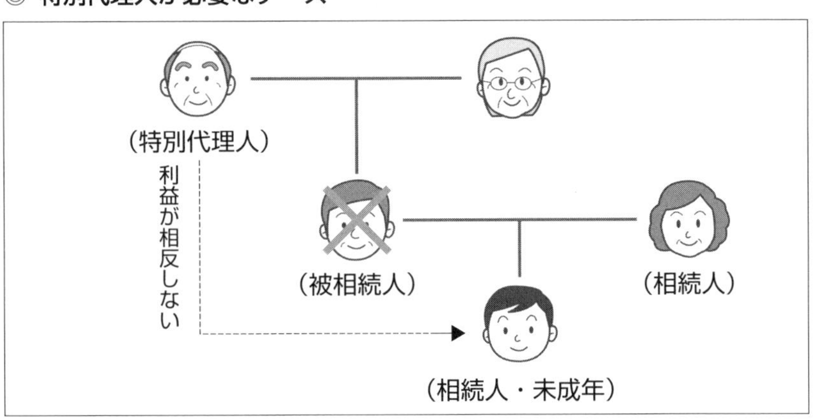

2 相続人が行方不明の場合～失踪宣告・財産管理人の選任

行方が不明の相続人がいると、いつまでも遺産分割ができないという不都合が生じます。そこで、民法は「失踪宣告」と「不在者財産管理」の制度を設けて、これを利用することによって遺産分割協議を行うことができるようにしています。

⑴　**失踪宣告**

失踪宣告は、生死不明の者に対して、法律上死亡したものとみなす制度です。

不在者（従来の住所または居所を去り、容易に戻る見込みのない者）の生死が７年間明らかでないとき（普通失踪）、または震災などで生死が１年間明らかでないとき（危難失踪）には、利害関係者（配偶者や相続人など法律上の利害関係を有する者）が申立てを行い、家庭裁判所の審判によって失踪宣告が確定します。その後、10日以内に審判の謄本と確定証明書を添付した失踪届を不在者の住所地の市区役所、町村役場に提出します。

失踪届が受理されてはじめて不在者が死亡したとみなされ、戸籍から除籍されます。これにより、遺産分割協議は不在者を除く、相続人全員で行うことができます。

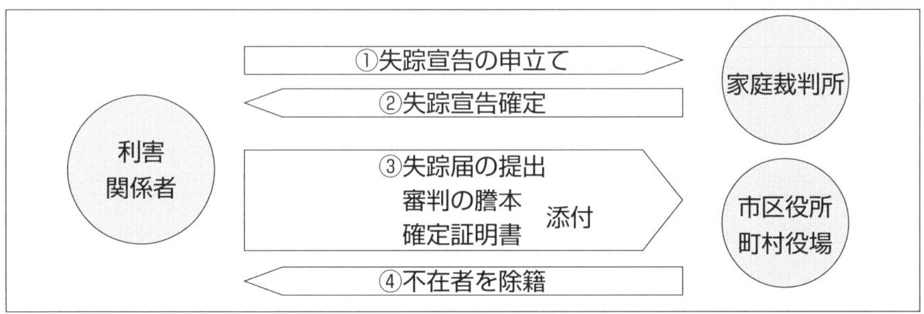

⑵　**不在者財産管理人の選任**

不在者財産管理人は、不在者自身や不在者の財産について利害関係を有する第三者の利益を保護するための制度です。

不在者に財産管理人がいない場合、利害関係者が不在者の住所地の家庭裁所に申立てを行い、不在者財産管理人を選任してもらいます。こうして選任された不在者財産管理人は、不在者の財産を管理・保存するほか、家庭裁判所の権限外行為許可を得た上で不在者に代わって遺産分割協議に参加し、署名・捺印を行います。

6－8 相続人に判断能力がない場合の手続き

★★★

遺産分割協議が必要であっても、相続人に判断能力がほとんどなければ、これを行うことができません。例えば、夫が亡くなったときに、妻が認知症になっていたケースが挙げられます。

そのような判断能力が十分でない人を法律的に保護し、支えるための制度として「成年後見制度」が設けられています。

この制度を利用するには、成年後見制度を受ける方の住所地の家庭裁判所に、本人が直接申立ての手続きをするか、または本人の配偶者や四親等内の親族、検察官、市区町村長などが申立ての手続きを行います。

1 成年後見制度の種類

成年後見制度には、本人の判断能力の状態によって次のとおり3つの種類があります。

区　分	①　後　　見	②　保　　佐	③　補　　助
本人の判断能力	まったくない	著しく不十分	不十分
援助者	成年後見人	保佐人	補助人

成年後見人は、本人の財産行為について全般的な代理権を有し、療養看護の方針についても決定します。

保佐人は、本人の重要な財産行為に対して同意を与えたり、保佐人の同意なくしてなされた財産行為を取り消すことができます。特定の行為については、別途代理権付与の申立てを行い、審判で認められた代理権の範囲で代理権を有することになります。

補助人は、審判で認められた重要な財産行為について、本人に対し同意を与えたり、補助人の同意なくしてなされた財産行為を取り消したり、特定の行為について本人を代理することができます。

2 成年後見人の選任

選任手続きの流れは次のとおりです。

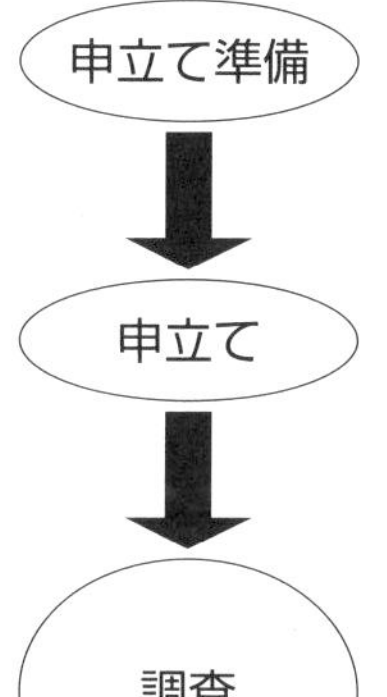

申立て準備　家庭裁判所で必要書類や説明書類一式を受け取ります。

申立て　後見を受ける方の住所地の家庭裁判所に申立書、必要書類を揃えて提出します。

調査　裁判所の職員から申立人、後見人候補者、本人が事情を聞かれます。（面接）
親族に後見人候補者についての意見を照会することがあります。

鑑定　本人の判断能力の程度を医学的に十分確認するため、医師による鑑定を行います。（費用５万円程度）
※鑑定は省略される場合があります。

後見開始の審判　家庭裁判所が後見の開始の審判をすると同時に、最も適任と思われる方を成年後見人に選任します。

審判確定 登記　不服申立てがなければ、成年後見人が審判書を受領してから２週間後に確定します。
その後、法務局での登記に２週間程度かかります。

成年後見人には、申し立て時に候補者として親族や特定の人を挙げることができますが、必ずしもその人が選任されるとは限りません。

例えば、本人に多額の財産があったり、親族間で本人の財産管理や療養看護の方針を巡って争いになっているような場合には、家庭裁判所が利害関係のない第三者の専門家（弁護士、司法書士、社会福祉士など）を選任することがあります。

6－9 遺言書がある場合の遺言執行手続き

★★★

1 遺言がある場合の対応方法

自筆証書遺言の保管者や発見した相続人は、遺言者の死亡を知った後、遅滞なく遺言書を家庭裁判所に提出して、その検認を請求しなければ、遺言の執行を行うことはできません。

一方、公正証書遺言は自筆証書遺言と異なり、裁判所の検認手続の必要はなく、すぐに遺言の執行を行うことができます。

ただし、自筆証書遺言の場合であっても、「自筆証書遺言書保管制度」を利用している場合には、裁判所の検認手続きは不要です（**1－4** 参照）。

◎ 検認とは

相続人に対し遺言書の存在及びその内容を知らせるとともに、下記の内容を明らかにし、偽造や変造を防止するための手続きです。遺言書の有効・無効を判断する手続きではないということに留意してください。

〈検認により内容を明らかにする事項〉
①遺言書の形状　②加除訂正の状態　③日付　④署名

◎ 検認の申し立て方法

①　申立人	・遺言書の保管者または遺言書を発見した相続人
②　申立先	・遺言者の最終住所地の家庭裁判所
③　申立てに必要な費用	・遺言書１通につき収入印紙800円分 ・連絡用の郵便切手費用
④　申立てに必要な書類	・申立書 ・遺言者の出生時から死亡時までのすべての戸籍（除籍・改製原戸籍）謄本 ・相続人全員の戸籍謄本 遺言者の子（およびその代襲者）で既に亡くなっている方がいる場合には、その方の出生時から死亡時までのすべての戸籍（除籍・改製原戸籍）謄本

2 遺言の執行

遺言の執行とは、遺言の内容を実現するための手続きをいい、遺言書で遺言執行者が指定されている場合は、その方が遺言の執行を行うことになります。

また、指定がない場合には、相続人が協力して遺言の内容を執行することになりますが、必要であれば、家庭裁判所に遺言執行者を選任してもらうことも可能です。

遺言執行者を選任しておくと、遺言執行者のみで手続きができることも多いため、相続人全員からの署名や実印が困難な場合などは、遺言の執行が円滑に進みます。

◎ **遺言執行者が行う代表的な手続き**

- □ 相続人へ遺言執行者に就任した旨の通知
- □ 相続財産目録の作成・相続人への目録の交付
- □ 不動産がある場合は、所有権移転登記の手続き
- □ 銀行預金の名義変更や解約手続き
- □ 自動車の名義変更手続き
- □ 電気・ガス・水道の名義変更手続き
- □ 年金等の死亡に係る停止手続き

3 遺言執行者の役割と権限について

法改正によって、遺言執行者の役割や権限が明確化されています。これは遺言執行者へ強い権限を定めることによって、よりスムーズな相続手続きを促すためのものです。そのポイントは下記のとおりです。

① 相続人の代理人ではない

旧法時代は、遺言執行者は相続人の代理人であると定められていましたが、遺言執行者が「自分は遺言執行者である」と示してした行為は、相続人に対して直接に効力が発生します。つまり、単なる「代理人」ではなく、より強い権限が定められているということになります。

② 相続人への遺言執行者に就任したことの通知義務

旧法時代は、遺言執行者に就任したことを通知する義務がなく、相続人が知らない間に相続手続きが済まされていたということが生じていました。こうしたトラブルを避けるために、通知義務が定められています。

③ 登記申請手続きや預貯金の解約手続き等が行える

一定の条件に該当する場合には、遺言執行者が直接登記申請の手続きができたり、預貯金の払い戻し手続きや解約手続きができます。

これまでは、相続人のうち１人を遺言執行者としてとりあえず指定しておく遺言書も多々見受けられました。しかし、上記のとおり、遺言執行者の権限が強化された反面で義務もより重いものになっていますので、今後は専門知識を有している第三者が公平な立場で遺言執行を行うのが望ましいでしょう。

遺言執行者に相応しいヒトは誰？

遺言執行者として指定を受ける機会の多い三者を比較してみました。費用や専門知識の有無も重要ですが、将来の「もしも」の時に確実に遺言の執行をしてもらえるように、相続人や士業の「個人」より病気や死亡のリスクのない「法人」に依頼しておくことも重要なポイントになります。

	相続人	信託銀行	士業 （弁護士や司法書士）
費用の発生	なし	あり	あり
専門知識	なし	あり	あり
確実性	なし	あり	あり （ただし、法人に依頼するべき）

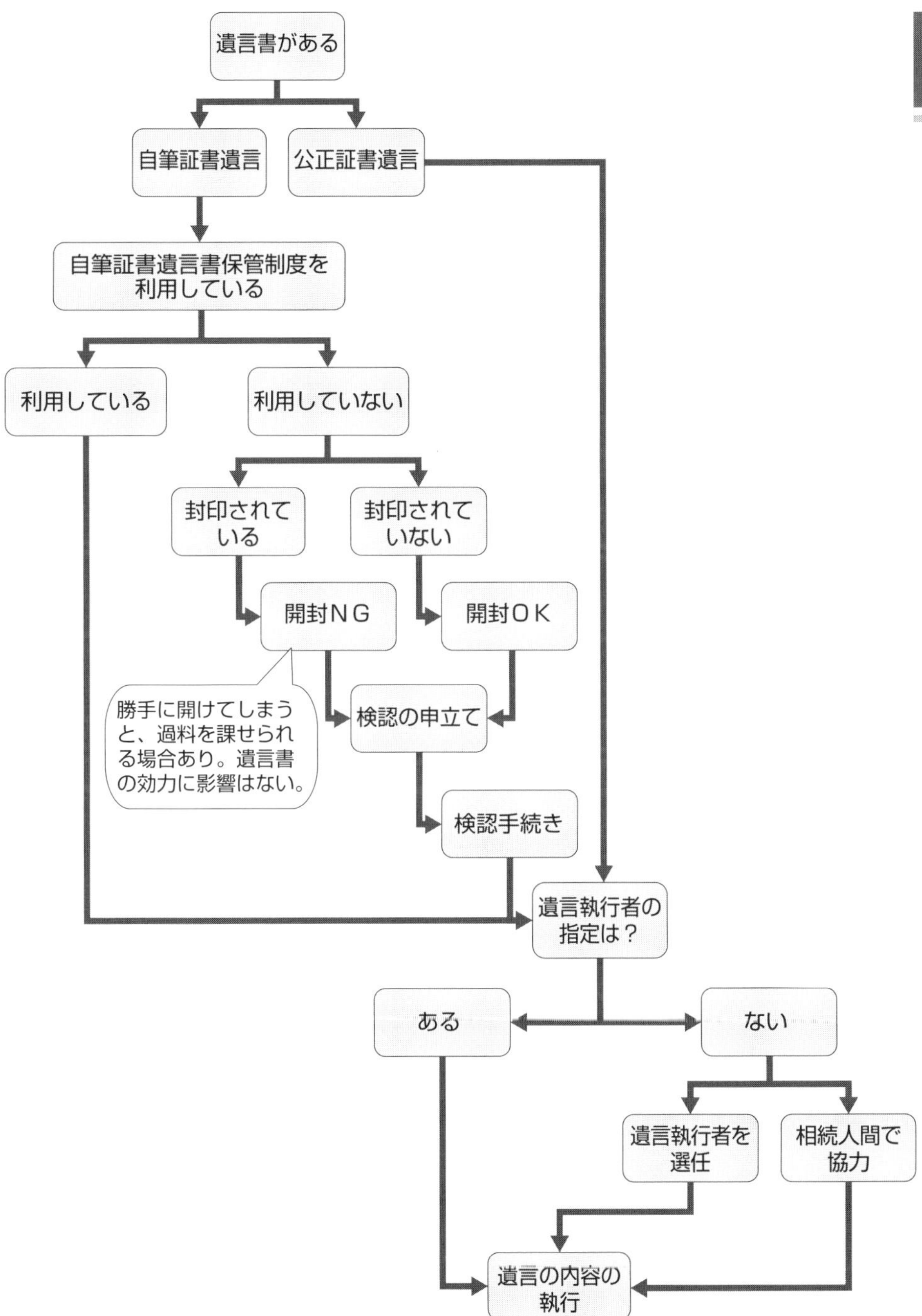
遺言書がある
自筆証書遺言
公正証書遺言
自筆証書遺言書保管制度を利用している
利用している
利用していない
封印されている
封印されていない
開封ＮＧ
開封ＯＫ
勝手に開けてしまうと、過料を課せられる場合あり。遺言書の効力に影響はない。
検認の申立て
検認手続き
遺言執行者の指定は？
ある
ない
遺言執行者を選任
相続人間で協力
遺言の内容の執行

6-10 遺産分割協議書の作成

★★

1 遺産分割協議の進め方

相続人および相続財産が確定すると、いよいよ遺産の分割方法について協議します。**5-1**や**6-9**で解説したとおり、遺言書があればそれに従いますが、遺言書がない場合には、誰がどの財産をどれだけ相続するかを相続人全員で話し合って決めなければなりません。この話し合いを遺産分割協議といいます。

遺産分割協議には相続人全員が参加し、相続人全員の同意がなければ成立しません。ただし、全員が一堂に会して協議できないときは、相続人の代表者が作成した遺産分割案を持ち回りにして同意を得たり、遠隔地の相続人と書面を通じて協議するといった方法でもかまいません。

2 遺産分割の方法

例えば、「法定相続分に従って遺産を分割する」と遺産分割協議で決定したとします。しかし、遺産のほとんどが不動産である場合、きちんと公平に分割できるでしょうか。

遺産分割にはいくつかの方法があるので、遺産の中に分割が難しい財産が多く含まれている場合には、いくつかの分割方法を組み合わせて対応すると良いでしょう。

◎ 遺産分割の種類とその特徴

	現物分割	換価分割	代償分割	共有分割
内容	財産をそのまま各相続人に分配する方法	財産を売却し、金銭にして分割する方法	相続人の一人が全財産を相続し、他の相続人に各相続分に見合う金銭を支払う方法	各相続人の持分を定めて共有にする方法
長所	直感的に理解しやすく、手間がかからない	公平性を確保できる。現物分割の補填として有効	事業用財産や農地等分割しにくい財産に有効。現物分割の補填として有効	公平な遺産分割が可能
短所	公平な分割が困難	自宅を売却する場合には、引っ越さないといけない 売却の際の譲渡益に対し、所得税と住民税が課税される	代償できる資力のある相続人でないと難しい	売却時には共有者全員の合意が必要。共有者に相続が発生すると問題が更に複雑化する

3 遺産分割協議書を作成してみよう

遺産分割協議が成立したら、遺産分割協議書を作成します。遺産分割協議書は必ず作成しなければならないものではありませんが、相続した土地や建物の所有権を移転したり、預貯金の名義を変更したりする際に必要となりますので、後日のトラブルを避けるためにも合意した証拠として作成しておくことをお勧めします。

遺産分割協議書の作成にあたっては特に決まったひな形はありませんが、いくつかの留意すべき事項がありますので、次ページに作成のポイントを記載しておきます。

書　式	手書き・ワープロを問いません。用紙は自由。縦書き・横書き・大きさ、筆記用具の指定もありません。
財産の特定	預貯金については金融機関名や口座種類、口座番号を記載し、不動産であれば所在地や面積など、登記簿謄本の記載をそのまま転記します。
署名・押印	相続人全員が署名し、実印で押印します。遺産を相続しない人も署名押印が必要となるので注意してください。
契印	遺産分割協議書が複数項に及ぶ場合、その協議書が同一のものであることを証するために、各用紙の綴じ目に実印を押します。
日付	協議が成立した日付を記載します。

遺産分割協議書は相続人数分を作成し、各自が保管しておきます。しかし、不動産登記や預貯金の名義変更手続きなどに必要となりますので、これら各種手続き用に予備を何通か作成しておくことをお勧めします。

◎ 遺産分割協議書サンプル

遺産分割協議書

令和○年○月○日に死亡した被相続人ひかり太郎の遺産については、同人の相続人の全員が分割協議を行った結果、各相続人がそれぞれ次のとおり遺産を分割し、取得することに決定した。

1　相続人ひかり一郎が取得する財産
(1)　所　在　京都府亀岡市○○町３丁目
　　地　番　５番２
　　地　目　宅地
　　地　積　350.25平方メートル
(2)　のぞみ銀行京都支店　定期預金　口座番号12345

2　相続人ひかり景子が取得する財産
(1)　株式会社こだまの株式　2,800株
(2)　家財一式　京都府亀岡市○○町３丁目５番２
金300,000円

3　相続人ひかり一郎は第１項に記載の財産を取得する代償として、ひかり景子に対し金18,000,000円を令和○年○月○日までに支払うものとする。

4　相続人ひかり一郎が承継する債務
(1)　のぞみ銀行京都支店からの借入金
金3,000,000円
（相続開始時の債務残高）

5　上記以外の一切の財産は、ひかり一郎が相続する。

上記のとおり相続人全員による遺産分割の協議が成立したので、これを証するため本書２通を作成し、それぞれに署名、押印し、各自が１通ずつ所有する。

令和○年○月○日

京都府亀岡市○○町３丁目５番２
相続人　ひかり　一郎　㊞

京都府長岡京市○○４丁目１番
相続人　ひかり　景子　㊞

標題には「遺産分割協議書」と明記する

できるだけ具体的に記載する
不動産については登記簿謄本の記載をそのまま転記する

代償分割がある場合には、代償額や期日を記載する
換価分割などの場合も同様

遺産分割後に財産が見つかった場合などに備え、左記の一文を挿入する（遺産分割の再協議を避けるため）

相続人全員の合意が必要

実印を押し、印鑑証明書を添付する。住所、氏名は印鑑証明書に記載されているとおりに正確に記す

6-11 不動産の相続手続き

★★★

1 不動産の相続手続き

亡くなった人が不動産を所有していた場合には、不動産の相続手続きが必要になります。不動産の相続手続きとは、具体的にいうと不動産の相続登記をすることです。

それでは、不動産の相続登記をするためにはどうすればいいのでしょうか。その前に、まず登記とは何かを説明します。

2 そもそも登記とは何か

日本の登記制度には、不動産登記と商業登記の2つがあります。ここでは不動産登記について説明します。不動産登記法は、「不動産の表示及び不動産に関する権利を公示するための登記に関する制度について定めることにより、国民の権利の保全を図り、もって取引の安全と円滑に資することを目的とする」としています。つまり、登記制度を設けることで、自分の家が知らない間に他人のものになったり、あるいは購入したにもかかわらず自分のものにならなかったり、というようなトラブルが起こらないように不動産取引の安全を図っているのです。

それでは、ある不動産の登記が現在どのような状況にあるのかを調べるためにはどうしたらいいのでしょうか。不動産登記の現況は、「登記事項証明書」を取得することで確認することができます。

3 登記事項証明書の記載内容

「登記事項証明書」とは、登記所（法務局）が発行する証明書のことをいいます。昔は登記簿謄本と呼んでいたのですが、登記事務がコンピュー

◎ 登記事項証明書の記載例

様式例・1

表　題　部（土地の表示）		調製	余　白	不動産番号	0000000000000
地図番号	余　白	筆界特定	余　白		
所　在	京都市中京区一丁目			余　白	
①地　番	②地　目	③　地　積　m²		原因及びその日付〔登記の日付〕	
101番	宅地	300	00	不詳 〔平成20年10月14日〕	
所　有　者	京都市中京区一丁目１番１号　ひかり一郎				

権　利　部（甲区）（所有権に関する事項）			
順位番号	登　記　の　目　的	受付年月日・受付番号	権　利　者　そ　の　他　の　事　項
1	所有権保存	平成20年10月15日 第637号	所有者　京都市中京区一丁目１番１号 ひかり一郎
2	所有権移転	平成20年10月26日 第718号	原因　平成20年10月26日売買 所有者　京都市上京区一丁目５番５号 ひかり次郎

権　利　部（乙区）（所有権以外の権利に関する事項）			
順位番号	登　記　の　目　的	受付年月日・受付番号	権　利　者　そ　の　他　の　事　項
1	抵当権設定	平成20年11月12日 第807号	原因　平成20年11月12日金銭消費貸借同日設定 債権額　金4,000万円 利息　年2·60%（年365日日割計算） 損害金　年14·5%（年365日日割計算） 債務者　京都市上京区一丁目５番５号 ひかり次郎 抵当権者　京都市上京区三丁目３番３号 株式会社ひかり銀行 （取扱店　京都支店）
2	１番抵当権抹消	平成25年１月８日 第568号	原因　平成25年１月８日弁済

これは登記記録に記録されている事項の全部を証明した書面である。

令和３年３月27日
京都地方法務局　　　　登記官　　　　ひかり太郎

＊　下線のあるものは抹消事項であることを示す。　　整理番号　D23992　（1／1）　　1／1

タ化されたことで、登記事項証明書と呼ばれるようになりました。

不動産の登記事項証明書には、誰が所有者でどんな権利が付されているのかといった内容が記載されています。

4 登記事項証明書の見方

不動産の登記事項証明書の構成として、大きく２つの部があり、１つを表題部、もう１つを権利部といいます。そして権利部は甲区と乙区という２つの区に分かれています。

表題部にはその不動産の現況が記載されています。その不動産がどこに存在しているのか（所在)、土地であれば何に使われるための土地か（地目)、建物であればどのような造りでどのような形状の建物か（構造）などです。したがって表題部をみると、どのような不動産かがわかります。

これに対して、権利部には文字どおり権利関係が記載されています。権利関係とは、その不動産の所有者が誰か、その不動産に抵当権などの担保権がついているのか、といったことです。前者の所有権に関する事項が記載されているのが甲区で、後者の所有権以外の権利が記載されているのが乙区になります。

そして、甲区にはこれまでの所有者の履歴が記載されており、一番最後に記載されている所有者が現在の所有者ということになります。さらに甲区には所有するに至った原因なども記載されているので、相続で取得した土地なのか売買で取得した土地なのかといったこともわかります。前ページで示した登記事項証明書の記載例でいうと、現在の所有者はひかり次郎さんで、ひかり一郎さんから平成20年に売買で取得した土地であることがわかります。

また、アンダーラインが引かれているものは、すでに抹消されていることを表しているので、同じく記載例では、順位番号が１番の抵当権は抹消されていることになります。乙区ではいくつでも登記することが可能ですから、２番目、３番目…と順番に抵当権の設定がされていくこともあります。このように土地の登記事項証明書ひとつでその土地の様々なことがわかるようになっています。

以下は、不動産の登記事項証明書のどの部分に、どのような内容が記載されるのかをまとめたものです。

登記記録	表題部	表示に関する登記が記録される部分	
	権利部	甲区	所有権に関する登記が記録される部分
		乙区	所有権以外の権利に関する登記が記録される部分

5 登記事項証明書の取得方法

登記事項証明書は、法務局に行って手数料を支払えば誰でも取得することができますし、郵送やインターネットから取得することもできます。昔と違って今はデータで登記の記録が管理されているため、日本全国の登記事項証明書を最寄りの法務局で取得することもできます。また、インターネット上で提供される「登記情報提供サービス」を利用すれば、手許のパソコンからでも登記情報を知ることができます。ただし、まだコンピュータ化されていない不動産もありますので、その場合には法務局まで出向くか、郵送で請求することになります。

6 相続登記の義務化

所有者が死亡して相続が発生しても、相続人が所要の登記をせずに放置していることが少なくありません。相続登記が義務ではないことから、そのまま放置しておいても不利益を被ることがなく、とりわけ地方における土地の所有意識が希薄化する中では自然の成り行きでもありました。しかし、相続登記が放置されると世代交代とともに複雑な権利関係が生じることになり、ひいては収拾がつかなくなります。これは、いわゆる所有者不明土地問題としてクローズアップされ、その解消が急がれることになりました。

そこで、相続登記を義務付けるとともに登記手続きの簡略化を図るために不動産登記法が改正されました。改正法は2021年４月に成立していますが、施行は公布日から2年以内の政令で定める日とされています。

改正法によると不動産を取得した相続人に対して、その取得を知った日から3年以内に相続登記の申請をすることを義務付けるとともに、正当な理由なく義務に違反した場合は10万円以下の過料に処せられます。

いずれにしても、従来は特に期限が設けられていなかった相続登記に新たに3年という期限が設けられ、罰則規定も導入された以上は、できるだけ速やかに対応しておく必要があります。

一方、相続登記の申請義務を簡易に履行できるように登記の手続的な負担が軽減されました。具体的には、相続人が登記名義人の法定相続人である旨を登記所に申し出ることによって、単独での申告も可能になりました（相続人申告登記）。また、遺贈による所有権の移転の登記手続きの簡略化や法定相続分での相続登記がされた場合における登記手続きの簡略化などが図られています。

7　相続登記の手続き

相続登記をするためには、必要な書類を揃えて、法務局に申請をする必要があります。この申請は自分で行うこともできますが、手間を考えると司法書士に依頼するのが得策でしょう。

相続登記では登記申請書のほかに、いくつかの添付書類が必要になります。一般的な相続登記の添付書類は、①登記原因証明情報、②住所証明書、③固定資産税評価証明書の3種類になります。

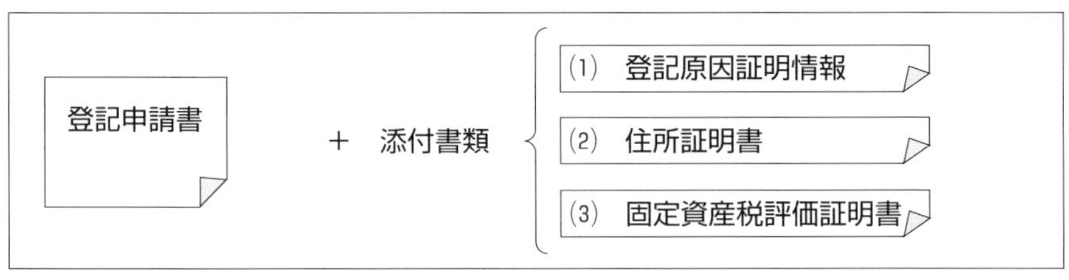

(1)　登記原因証明情報とは

登記原因証明情報とは、「登記の原因となる事実または法律行為の存在を証明する情報」のことです。法定相続で申請する場合、遺産分割協議書に従って申請する場合、あるいは遺言書のとおりに申請する場合とでは、登記原因証明情報の中身が異なります。

登記原因証明情報		
法定相続	遺産分割協議あり	遺言書あり
●被相続人の出生から死亡までの戸籍、除籍、原戸籍すべて ●相続人全員の戸籍	●被相続人の出生から死亡までの戸籍、除籍、原戸籍すべて ●相続人全員の戸籍 ●遺産分割協議書 ●相続人全員の印鑑証明書	●被相続人の死亡の記載のある戸籍、除籍 ●相続する相続人の戸籍 ●遺言書（法務局で保管されていない自筆証書遺言は検認手続きが必要）

（注意：戸籍や印鑑証明書はその記載に変更がなければ、期限の定めはありません）

法定相続と遺産分割協議書ありの場合は、被相続人の出生から死亡までの記載のある戸籍と相続人全員の戸籍等が必要となります。これは、被相続人が亡くなったことと相続人を特定するためのものです。

ただし、これらの戸籍の代わりに法定相続情報一覧図を添付すれば不要となります（**6－5**参照）。

さらに、遺産分割協議書を添付する場合には協議をした相続人全員の「印鑑証明書」を添付しなければなりませんが、期限の定めはありません。

遺言書がある場合には、被相続人が死亡したことがわかる戸籍等があればよく、出生から死亡までの戸籍等は必要ありません。また、相続人の戸籍もその不動産をもらう人だけで問題ありません。

⑵　住所証明書とは

相続登記を申請すると登記簿に不動産の所有者として、相続人の住所氏名が記載されます。その相続人の住所氏名を証明するために、相続人の「住民票の写し」を添付します。

⑶　固定資産税評価証明書とは

固定資産税評価証明書は、相続登記を申請するための登録免許税を算出するために必要となります。相続登記の場合の登録免許税は、固定資産税評価額の0.4%になります。

ここで注意すべき点は、使用する証明書の年度が決められているということです。死亡したのが昔だとしても、申請する年度のものを添付します。例えば1998（平成10）年に死亡した方の相続登記を、2021（令和３）年４月１日から2022（令和４）年３月31日までの間に申請するのであれば、2021（令和３）年度のものを使用します。

8 不動産の全貌に注意

相続登記をするためには、被相続人が、どこに不動産を持っていたかを知っておく必要があります。自分の所有している不動産が、どこにどれだけあるのかわからないという方はあまりいないと思います。しかし、父親が不動産を多数所有していた、あるいは地主さんで代々受け継いできた土地が数多くあるというような場合であれば、相続人が把握しきれていない不動産があるかもしれません。そのような場合には、不動産の固定資産税納税通知書を確認すると、不動産の一覧が記載されているので、それによって把握することができます。また、名寄帳から調べることもできます。ただし、固定資産税納税通知書は所有者のところに送られてきますが、名寄帳は不動産を管轄する市町村の役場ごとにこちらから請求する必要があります。

このように、相続人が被相続人の所有する不動産をすべて把握していないような場合には、固定資産税納税通知書や名寄帳といったものから調査することも１つの方法です。

さらに、2021年４月の不動産登記法の改正によって所有不動産記録証明制度が設けられ、相続登記が必要な不動産の一覧を登記所が発行することによって、相続登記漏れを防止することが期待されています。この所有不動産記録証明制度のあらましは次のようになります。

①	登記官に対して手数料を納付して、自らが所有権の登記名義人として記録されている不動産に係る登記事項を証明した書面（所有不動産記録証明書）の交付を請求することができる。
②	所有権の登記名義人について相続があったときは、相続人は登記官に対して手数料を納付して、当該所有権の登記名義人の所有不動産記録証明書の交付を請求することができる。
③	①及び②の交付の請求は、登記所の登記官に対し、法務省令で定めるところによってすることができる。

9 未登記建物も忘れずに名義変更

未登記建物とは、現実には建物が建っているが、法務局に建物の登記が申請されていないものをいいます。4で説明した表題部の登記（表題登記）は、建物を建築しても自動的に登記されるわけではありません。表題登記を申請することは、法律上の義務とされていますが、現実には表題登記がなされていない建物も数多く存在します。

もちろん、未登記のままにしておいても住むことは可能ですが、その後、売却したり、取り壊したりするときに不都合が生じることがありますので、未登記建物についても相続のタイミングで表題登記をしておいた方がいいでしょう。

具体的な流れですが、まず、建物の表題登記を申請することになります。自分ですることも不可能ではありませんが、建物の図面を作成する必要がありますので、土地家屋調査士に依頼するケースがほとんどです。

表題登記が完了した後は、相続人名義で所有権保存登記を申請することで、相続人が建物の現在の所有者であることが登記されます。なお、所有権保存登記の申請の際には、7に記載した必要書類が必要になります。

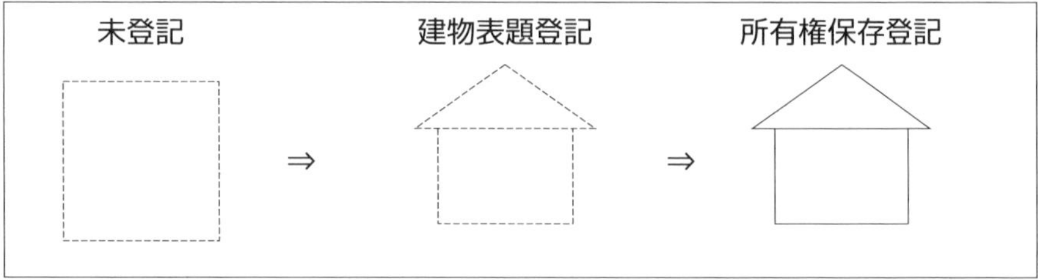

登記情報提供サービス

登記事項証明書を入手するにあたって、Web 上で提供される「登記情報提供サービス」を利用することができます。これは、登記所が保有する登記情報をインターネットを経由して手許のパソコンの画面上で確認できるというサービスです。有料ですが、たいへん便利です。

このサービスで閲覧できる登記情報には、不動産登記情報（全部事項）のほか、地図（公図）情報や商業・法人登記情報など多岐にわたっています。

6-12 預貯金の相続手続き

★★

1 預貯金の凍結～引き出しも預け入れもできません

金融機関が口座名義人の死亡を確認すると、一部の相続人が勝手に引き出すことを防止するため、その預貯金口座は凍結されます。そして、相続手続きが完了するまでは、引き出しも預け入れも一切できません。公共料金の口座振替も停止され、口座への振込み入金も制限されます。

ただし、2019年7月1日施行の遺産分割前の相続預金の払い戻し制度を利用すれば、各相続人は、相続預金のうち口座ごと（定期預金の場合は明細ごと）に一定の金額については、金融機関から単独で払い戻しを受けることができるようになりました（詳細は**1-8**参照）。

2 一般的な金融機関での相続手続き

一般的な金融機関では、実際に取引のある本店または支店で相続手続きを行います。

各金融機関所定の申請書類に必要事項を記入し、必要書類と共に提出します。手続きのイメージは次のとおりです。

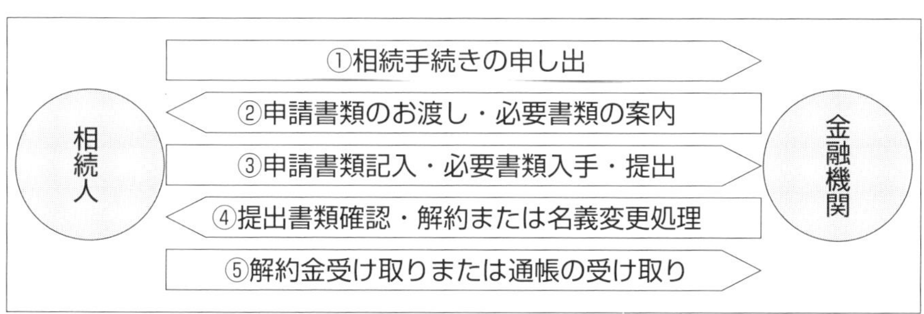

書類提出から解約金・通帳受け取りまでの期間は、金融機関によって異なりますが、提出書類に不備がない限り約1週間で完了できます。

3 必要書類チェックリスト

預貯金の相続手続きには、共通して必要な書類と相続の形態(遺産分割・遺言・調停・審判)ごとに必要な書類があります。

(1) 共通して必要な書類

①	被相続人の出生から死亡まで連続した戸籍謄本※	□
②	相続人全員の現在の戸籍謄本※	□
③	相続人全員の印鑑証明書(発行日から3か月以内)	□
④	被相続人名義の通帳・証書・キャッシュカード	□

※ 法定相続情報一覧図で代用可

(2) 相続の形態ごとに必要な書類

①	協議による遺産分割	遺産分割協議書	□
②	遺言による相続・遺贈	(公正証書の場合) 公正証書遺言書	□
		(自筆証書の場合) 家庭裁判所の検認のある自筆証書遺言書原本	□
③	調停による遺産分割	調停調書謄本	□
④	審判による遺産分割	審判書謄本・確定証明書	□

申請書類や必要書類については、各金融機関によって異なりますので、詳しくは各金融機関に直接お問い合わせください。

6-13 株式の相続手続き

★★

1 取引口座の引き継ぎ

被相続人が証券会社に口座を開設して取引をしていた場合、相続人がそのまま取引口座を引き継ぐことはできず、相続人の取引口座に有価証券の移管を受けなければなりません。相続人が取引口座を持っていない場合は、新たに口座を開設して移管を受けます。

2 上場株式の相続手続き

上場株式の相続手続きは、被相続人が取引をしていた証券会社に連絡を取り、送付された所定の相続手続き書類に必要事項を記入し、必要書類と共に提出します。証券会社で書類を確認したのち、相続人指定の口座に上場株式が移管されます。

以下、具体的な手続きについて説明します。

① 被相続人が取引していた証券会社に連絡する

証券会社から下記の事項が確認されます。

- □ 被相続人の氏名・住所・生年月日
- □ 亡くなった日
- □ 連絡している方の氏名・住所・電話番号
- □ 被相続人との続柄
- □ 銘柄名・株式数

※ 被相続人が保管していた株式関係書類などから確認してください。

② 証券会社より相続手続きに必要な書類が届く

証券会社により手続き書類の様式は異なりますので、各証券会社から送付される案内を参考に記入してください。

③　相続手続きに必要な書類を提出する

> □　証券会社所定の相続手続き書類
> □　被相続人の出生から死亡まで連続した戸籍謄本
> ※相続人全員を確認できるもの
> □　相続人全員の印鑑登録証明書
> □　個人番号が確認できる書類（口座開設の場合）
> ※　財産の分割、相続人の状況などにより必要書類は異なりますので、個別に確認してください。

④　被相続人の上場株式が相続人の口座に移管される

証券会社が書類を確認し、不備・不足などがなければ、相続人の口座に移管されます。その後、「完了のご案内」が郵送されますので、内容の確認をしてください。

3　単元未満株式の相続手続き

単元未満株式とは、銘柄ごとに決められている最低売買単位に満たない株式のことをいいます。単元未満株式は、市場では売買することができませんが、換金するために発行会社に対して買取請求することや、単元株になるように発行会社に対して買増請求することができます。

単元未満株式の相続手続きは、それぞれの銘柄の株主名簿管理人となっている信託銀行証券代行部や証券代行会社で次のように行います。

①　被相続人が所有していた銘柄の株式名簿管理人となっている信託銀行証券代行部や証券代行会社に連絡する

> 信託銀行証券代行部や証券代行会社から下記の事項が確認されます。
> □　被相続人の氏名・住所・生年月日
> □　亡くなった日
> □　連絡している方の氏名・住所・電話番号
> □　被相続人との続柄
> □　銘柄名・単元未満株式数
> ※　被相続人が保管していた株式関係書類、定期的に送付される株主総会召集通知などから確認してください。なお、これらの書類に記載されている株式数が、単元株と単元未満株の合計株式数になっている場合がありますので、ご注意ください。

② 信託銀行証券代行部や証券代行会社から相続手続きに必要な書類が届く

信託銀行証券代行部や証券代行会社によって手続き書類の様式が異なりますので、送付される案内を参考に記入してください。

③ 相続手続きに必要な書類を提出する

- □ 所定の相続手続き書類
- □ 被相続人の出生から死亡まで連続した戸籍謄本
- □ 相続人全員の戸籍謄本
- □ 相続人全員の印鑑登録証明書
- □ 個人番号が確認できる書類

※ 財産の分割、相続人の状況などにより必要書類は異なりますので、個別に確認してください。

④ 被相続人の単元未満株式が相続人の口座に移管される

信託銀行証券代行部や証券代行会社が書類を確認し、不備・不足などがなければ、相続人の口座に移管されます。その後、買取請求や買増請求をすることができます。

なお、相続人の口座に移管することなく、買取請求することも可能です。管理する信託銀行証券代行部や証券代行会社に確認してください。

4 非上場株式の相続手続き

非上場株式は取引する市場がないので、それぞれの株式会社で相続手続きする必要があります。各株式会社ごとに行う手続きは異なりますので、直接お問合せください。

6-14 生命保険に関する手続き

1 生命保険の受け取り

被相続人が生命保険に加入していた場合、保険会社に連絡を取り、死亡保険金・入院給付金・手術給付金などの請求や保険契約者・保険金受取人の名義変更などの手続きをする必要があります。

2 保険金の請求手続き

一般的な生命保険会社での死亡保険金の請求方法は以下の通りです。

① 保険金受取人が生命保険会社に連絡する

生命保険会社から下記の事項が確認されます

- □ 保険証券番号
- □ 被相続人（被保険者）の氏名
- □ 亡くなった日
- □ 死亡原因（病気や事故など）
- □ 亡くなる前の入院や手術の有無

② 生命保険会社より保険金請求書と必要書類の案内が届く

生命保険会社により保険金請求書の様式は異なりますので、各保険会社から送付される案内を参考に記入してください。

③ 保険金受取人が保険金請求書・必要書類を提出する

- □ 死亡保険金請求書
- □ 保険証券
- □ 死亡診断書または死体検案書
- □ 被保険者の住民票の除票
- □ 保険金受取人の戸籍抄本
- □ 個人番号が確認できる書類（保険金が100万円を超える場合）

※ 死亡の原因や生命保険会社により必要書類が異なりますので、個別に確認してください。

④　保険金受取人が死亡保険金を受け取る

生命保険会社が書類を確認し、支払いが決定したら、指定口座に入金されます。その後「支払明細書」が郵送されますので、内容の確認をしてください。

3　契約者・受取人の名義変更

保険契約者が亡くなって、その契約が引き継がれる場合には、新契約者が名義変更の手続きを行います。

保険金受取人が亡くなった場合には、保険契約者が被保険者の同意を得て保険金受取人を変更します。

契約によっては、名義変更ができなかったり、取扱制限を受けたりしますので、契約されている生命保険会社に確認してください。

保険金請求の時効について

生命保険金の請求には3年という期限（時効）があります。

そのため、保険契約をしていたことを忘れていたり、保険証券が行方不明になっていたりすると、この時効によって保険金が受け取れなくなってしまうという不利益が生じます。

そこで、こうした不利益を避けるためにも次のような配慮をしておくことが望まれます。

①　保険契約している旨を家族に伝えておく

②　保険契約の種類や内容について、書類を保管しておく、もしくは財産目録やエンディングノート等に記録しておく

③　保険会社や保険代理店の担当者の連絡先を控えておく

保険は、必要な時に必要な保険金を受け取ることを目的に加入しているはずですから、ゆめゆめ請求することを失念しないよう注意しましょう。

6-15 年金に関する手続き

1 年金受給権者死亡届の提出

年金を受けている方が亡くなると、年金を受ける権利がなくなるため、「年金受給権者死亡届（報告書）」の提出が必要です。

なお、日本年金機構に個人番号が収録されている方は、原則として、届出が省略できるようになりました。（日本年金機構ホームページ参照）

2 未支給年金の請求

年金を受けている方が亡くなったときに、まだ受け取っていない亡くなった月分までの年金を「未支給年金」として、その方と生計を同じくしていた遺族が受け取ることができます。

・請求先　　　お近くの年金事務所
・請求できる者　生計を同じくしていた①配偶者、②子、③父母、④孫、⑤祖父母、⑥兄弟姉妹、⑦その他の３親等内の親族　の順で請求可能
・提出するもの
- □ 被相続人の年金証書
- □ 被相続人と請求する方の身分関係が確認できる書類（戸籍謄本や法定相続情報一覧図の写しなど）
- □ 被相続人と請求する方が生計を同じくしていたことが分かる書類（住民票など）
- □ 受け取りを希望する金融機関の通帳

3 遺族基礎年金の請求

遺族基礎年金は、国民年金加入中の方が亡くなられたときで、その方によって生計維持されていた18歳到達年度末までの子のある妻またはその子が受給することができます（子に一定の障害がある場合は20歳到達月まで延長されます）。

・請求先　　　住所地の市町村役場の窓口
　　　　　　　ただし、一部の場合はお近くの年金事務所
・提出するもの　□　年金請求書（請求先に備え付け）
　　　　　　　□　年金手帳
　　　　　　　□　戸籍謄本（発行から6か月以内）または法定相続情報一覧図の写し
　　　　　　　　　被相続人との続柄および請求者の氏名・生年月日を確認できるもの
　　　　　　　□　被相続人の住民票除票（※）
　　　　　　　□　死亡診断書のコピー
　　　　　　　□　請求者世帯全員の住民票（※）
　　　　　　　□　請求者の収入が確認できる書類(所得証明書、源泉徴収票など)(※)
　　　　　　　□　子の収入が確認できる書類（※）
　　　　　　　　　(義務教育終了前は不要。高等学校等に在学中の場合は、在学証明書や学生証など)
　　　　　　　□　受取先金融機関の通帳（請求者本人名義）
※　年金請求書にマイナンバーを記入することで省略できます。
※　状況によって別の書類が必要になることがありますので、提出時に個別に確認してください。

4　遺族厚生年金の請求

遺族厚生年金は、厚生年金保険の被保険者中または被保険者であった方が亡くなられたときで、その方によって生計維持されていた遺族が受給することができます。

・請求先　　　お近くの年金事務所および街角の年金相談センター
・提出するもの　□　年金請求書（請求先に備え付け）
　　　　　　　□　年金手帳
　　　　　　　□　戸籍謄本（発行から6か月以内）または法定相続情報一覧図の写し
　　　　　　　　　被相続人との続柄および請求者の氏名・生年月日を確認できるもの
　　　　　　　□　被相続人の住民票除票（※）
　　　　　　　□　死亡診断書のコピー
　　　　　　　□　請求者世帯全員の住民票（※）
　　　　　　　□　請求者の収入が確認できる書類(所得証明書、源泉徴収票など)(※)
　　　　　　　□　子の収入が確認できる書類（※）
　　　　　　　　　(義務教育終了前は不要。高等学校等に在学中の場合は、在学証明書や学生証など)
　　　　　　　□　受取先金融機関の通帳（請求者本人名義）
※　年金請求書にマイナンバーを記入することで省略できます。
※　状況によって別の書類が必要になることがありますので、提出時に個別に確認してください。

【編者紹介】

□　ひかりアドバイザーグループ　http：//hikari-advisor.com/

ひかり税理士法人が中心となって「ひかりアドバイザーグループ」を結成し、各分野の専門家によるアライアンスを通じて、関与先に対するワンストップサービスの提供を実現しています。

グループには、ひかり監査法人、ひかり司法書士法人、ひかり社会保険労務士法人、ひかり行政書士法人の専門士業法人に加えて、ひかり戦略会計株式会社、ひかり財産戦略株式会社が参画し、総勢150名を超える専門家集団が日夜研鑽に励み、関与先に対する高品質なサービスの提供に邁進しています。

グループでは、相続問題を専門に扱う部署として「一般社団法人ひかり相続センター」を開設し、日本相続知財センターの名称で相続全般に関する幅広いご要望にお応えしています。

【著者紹介】

□　ひかり税理士法人　https：//www.hikari-tax.com

【札幌事務所】〒060-0807　札幌市北区北７条西4-17-1　KDX 札幌北口ビル
【東京事務所】〒101-0047　東京都千代田区内神田1-3-1　トーハン第３ビル
【滋賀事務所】〒525-0032　滋賀県草津市大路1-15-5　ネオフィス草津
【大津事務所】〒520-0041　滋賀県大津市浜町4-28　浜町ビル
【京都事務所】〒604-0872　京都市中京区東洞院通竹屋町下る　ひかりビル
【大阪事務所】〒540-0012　大阪市中央区谷町1-7-4　MF 天満橋ビル
【広島事務所】〒730-0012　広島市中区上八丁堀7-1　ハイオス広島
【福岡事務所】〒812-0013　福岡市博多区博多駅東2-18-30　八重洲博多ビル

□　ひかり司法書士法人　https：//hikari-sihoushosi.com/

【東京事務所】〒100-0005　東京都千代田区丸の内3-1-1　国際ビル
【京都事務所】〒604-0862　京都市中京区烏丸通夷川上る　シカタオンズビル
【大阪事務所】〒540-0012　大阪市中央区谷町1-7-4　MF 天満橋ビル

□　ひかり行政書士法人　https：//n-jimu.net/

【東京事務所】〒101-0047　東京都千代田区内神田1-3-1　トーハン第３ビル
【京都事務所】〒606-8357　京都市左京区聖護院蓮華蔵町51-1

□　一般社団法人ひかり相続センター　http：//www.chizai-k.or.jp/
☎0120-2794-33（つなぐよざいさん）

【日本相続知財センター京都支部】〒604-0872　京都市中京区東洞院通竹屋町下る
ひかりビル
【日本相続知財センターなにわ支部】〒540-0012　大阪市中央区谷町1-7-4　MF 天満橋ビル
【日本相続知財センター福岡支部】〒812-0013　福岡市博多区博多駅東2-18-30
八重洲博多ビル

【執筆者紹介】

□　**光田　周史**（こうだ　しゅうじ）／公認会計士・税理士
1985年　公認会計士・税理士登録
ひかりアドバイザーグループ　CEO
ひかり監査法人　代表社員
ひかり税理士法人　代表社員
京都家庭裁判所　家事調停委員
立命館大学大学院法学研究科　非常勤講師

□　**谷　　淳司**（たに　あつし）／税理士
1996年　税理士登録
ひかり税理士法人　代表社員
一般社団法人ひかり相続センター　代表理事

□　**上田　　茂**（うえだ　しげる）／司法書士
2003年　司法書士登録
ひかり司法書士法人　代表社員

□　**則貞　幸太**（のりさだ　こうた）／税理士
2005年　税理士登録
ひかり税理士法人　大阪事務所長
立命館大学大学院法学研究科　非常勤講師

□　**七條　智子**（しちじょう　ともこ）／税理士
2005年　税理士登録
ひかり税理士法人　広島事務所長

□　**今井　邦彦**（いまい　くにひこ）／税理士・行政書士
2008年　税理士登録
2021年　行政書士登録
ひかり税理士法人　東京事務所長
ひかり行政書士法人　東京事務所長

□　**中島　正人**（なかじま　まさひと）／税理士
2010年　税理士登録
ひかり税理士法人　大津事務所長

□　**中村　浩幸**（なかむら　ひろゆき）／税理士

2017年　税理士登録

ひかり税理士法人　福岡事務所長

□　**小川　一郎**（おがわ　いちろう）／税理士

2009年　税理士登録

ひかり税理士法人　京都事務所所属

□　**首藤　芳悠**（しゅとう　よしひさ）／税理士

2017年　税理士登録

ひかり税理士法人　京都事務所所属

□　**平尾　紗千**（ひらお　さち）／税理士

2017年　税理士登録

ひかり税理士法人　京都事務所所属

□　**森　　優**（もり　まさる）／税理士

2019年　税理士登録

ひかり税理士法人　京都事務所所属

□　**安田　篤史**（やすだ　あつし）／司法書士・土地家屋調査士

2010年　司法書士登録

2019年　土地家屋調査士登録

ひかり司法書士法人　東京事務所長

□　**冨永　良男**（とみなが　よしお）／司法書士・行政書士

2011年　司法書士登録

2020年　行政書士登録

ひかり司法書士法人　大阪事務所長

□　**鎌田　　諭**（かまだ　さとる）／税理士・司法書士

2007年　司法書士登録

2018年　税理士登録

一般社団法人ひかり相続センター　理事

これ1冊で大丈夫！　民法改正と新しい相続対策がゼロからわかる本
節税・争族対策・相続手続きを難易度付きで完全解説

2021年9月22日　発行

編　者　ひかりアドバイザーグループ ©

著　者　ひかり税理士法人
ひかり司法書士法人／ひかり行政書士法人 ©
一般社団法人ひかり相続センター

発行者　小泉 定裕

発行所　株式会社 清文社
東京都千代田区内神田1－6－6（MIFビル）
〒101-0047　電話 03(6273)7946　FAX 03(3518)0299
大阪市北区天神橋2丁目北2－6（大和南森町ビル）
〒530-0041　電話 06(6135)4050　FAX 06(6135)4059
URL https://www.skattsei.co.jp/

印刷：亜細亜印刷㈱

■本書の内容に関するお問い合わせは編集部までFAX(06-6135-4056)でお願いします。
＊本書の追録情報等は、当社ホームページ(https://www.skattsei.co.jp/)をご覧ください。

ISBN978-4-433-72311-8